btrax 著 ブランドン・片山・ヒル 監修

発想から実践まで

デザインの思考法図鑑

**DESIGN THINKING
METHODS ILLUSTRATED
REFERENCE BOOK**

ソシム

本書のゴール

　本書のゴールは、「サービスデザイン」で使われる思考法を解説することにより、プロダクトやサービス、ひいてはビジネスを成功させるための考え方を身に付けることです。

　サービスデザインとは、プロダクトやサービスの顧客体験を計画・設計するための方法論やプロセスです。サービスデザインは、ユーザー調査やカスタマージャーニーの作成、コンセプトの開発、プロトタイピング、ユーザーテストなどのプロセスで構成されます。サービスデザインでは、従来の「デザイン」という言葉から連想されがちな「色や形」、そして「見た目の美しさ」ではなく、ユーザーを中心に発想し、問題を解決し、ビジネスゴールに達成するためにアプローチに焦点を当てています。

　サービスデザインの実施にあたっては、複数のタッチポイントやステークホルダーも考慮に入れることになります。そのため、イノベーティブなアイディアが生まれたり、より良いユーザー体験が提供できたりするだけでなく、さまざまなステークホルダーの共感と協力も得やすくなります。

　本書ではまた、UX デザイン、ユーザーリサーチ、ユーザー体験の設計や改善に関連する思考法についても詳しく説明しています。概念的な説明もさることながら、実際のデザインの現場で使える内容に重点を置いているのです。具体的には、デザインにまつわる基本的なフレームワークや思考法から、ユーザーのニーズを把握するためのリサーチの方法やコツ、サービス体験を設計する際に活用できるツールやテクニックまで、サービスデザインに関するトピックを多岐にわたって網羅しています。

　本書のターゲットは、デザイナーとして活躍されている方、これからデザインを学ぶ方だけでなく、プロダクトやサービス、事業の開発などにおいてデザイナーと協業するビジネスマンです。ビジネスマンにとっても、デザイナーの目線や考え方を理解し、彼らとの「共通言語」を作るのに助けとなると思います。またビジネスにおけるデザインとデザイナーの置かれている状況についても言及しているので、デザインの

重要性や役割に関する理解も深めていただけると思います。

　アイディアが出なかったり、作業に煮詰まったり、あるいはそもそもどのようにプロセスを進めればよいのかわからないと感じたりしたときに、ヒントを得られる本として活用いただけたらこれほど嬉しいことはありません。

サービスデザイン

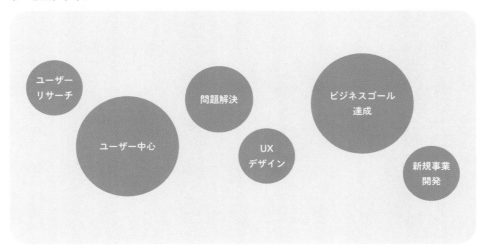

本書のゴール —————————————————————————————————— 002

本書の目次 —————————————————————————————————— 004

はじめに

1 デザインとは何か —————————————————————————————— 012

2 ビジネスとデザインの関係 ————————————————————————— 014

3 デザイナーの役割と仕事 ——————————————————————————— 016

4 デザイナー的マインドセット ———————————————————————— 018

5 デザイナーのスキルセット ————————————————————————— 020

6 デザイン思考とサービスデザイン —————————————————————— 022

本書の構成とサービスデザインのプロセス ———————————————— 024

1 章　ユーザーを観る・理解する

2 章　ユーザーに共感する・問いを立てる

3 章　アイディアを練る・コンセプトを立案する

4 章　ユーザー体験を設計する・プロトタイプを作成する

5 章　ユーザー体験をテストする・見直す

6 章　ブランド・デザインを伝える・測定する

1 章

ユーザーを
観る・理解する

029

1-1 デザイン思考：定義・明確化 ⋯⋯⋯⋯⋯⋯⋯⋯⋯⋯⋯⋯⋯⋯⋯⋯⋯ 030

1-2 デザインリサーチの考え方：生成的調査と評価的調査 ⋯⋯ 032

1-3 デザインリサーチの手法 ⋯⋯⋯⋯⋯⋯⋯⋯⋯⋯⋯⋯⋯⋯⋯⋯⋯⋯ 034

1-4 ユーザーリサーチの考え方：定量調査と定性調査 ⋯⋯⋯⋯ 036

1-5 ユーザーリサーチの手法：ユーザーインタビュー ⋯⋯⋯⋯ 038

1-6 リフレーミング ⋯⋯⋯⋯⋯⋯⋯⋯⋯⋯⋯⋯⋯⋯⋯⋯⋯⋯⋯⋯⋯⋯ 040

1-7 ユーザー理解の本質 ⋯⋯⋯⋯⋯⋯⋯⋯⋯⋯⋯⋯⋯⋯⋯⋯⋯⋯⋯ 042

1-8 内向的思考 ·· 044

コラム① **デザイン経営の企業事例：Airbnb** ·· 046

2章

ユーザーに共感する・問いを立てる

047

2-1 デザイン思考：共感・理解 ·· 048

2-2 ユーザーの潜在ニーズの掘り起こし ·· 050

2-3 エンパシーマップの活用 ·· 054

2-4 デザイン思考：課題定義 ·· 056

2-5 ペルソナの作成 ·· 058

2-6 カスタマージャーニーマップの作成 ·· 060

2-7 カスタマージャーニーマップの活用 ·· 062

2-8 操作性ハードル：心理的ハードル① ·· 064

2-9 認知的ハードル：心理的ハードル② ·· 066

2-10 感情的ハードル：心理的ハードル③ ┄┄┄┄┄┄┄┄ 068

コラム② 認知的ハードルの企業事例：メルカリ ┄┄┄┄┄┄ 070

3 章

アイディアを練る・コンセプトを立案する ┄┄┄ 071

3-1 デザイン思考：アイディア発想 ┄┄┄┄┄┄┄┄┄┄┄ 072

3-2 ファシリテーション ┄┄┄┄┄┄┄┄┄┄┄┄┄┄┄ 074

3-3 ワークショップの考え方 ┄┄┄┄┄┄┄┄┄┄┄┄┄ 076

3-4 ワークショップの運営 ┄┄┄┄┄┄┄┄┄┄┄┄┄┄ 078

3-5 デザインスプリント ┄┄┄┄┄┄┄┄┄┄┄┄┄┄┄ 080

3-6 リーン、アジャイル、デザイン思考の違い ┄┄┄┄┄ 082

3-7 デザインと制約 ┄┄┄┄┄┄┄┄┄┄┄┄┄┄┄┄┄ 084

3-8 バリュープロポジションの考え方 ┄┄┄┄┄┄┄┄┄ 086

3-9 バリュープロポジションキャンバスの使い方 ┄┄┄┄ 088

3-10 PSFとPMF 090

3-11 アフォーダンスとシグニファイア 092

3-12 MAYA理論 094

3-13 ビタミン剤・痛み止め・治療薬：サービスの3タイプ 096

コラム③ デザインスプリントの約束ごと 098

4 章

ユーザー体験を設計する・プロトタイプを作成する

.... 099

4-1 デザイン思考：プロトタイプ 100

4-2 プロトタイプの使い分け 102

4-3 エモーショナルデザイン 104

4-4 エモーショナルデザインの例 ⎯⎯⎯⎯⎯⎯⎯⎯⎯⎯⎯⎯⎯⎯⎯⎯ 106

4-5 ビヘイビアデザイン：FBMモデル ⎯⎯⎯⎯⎯⎯⎯⎯⎯⎯⎯ 108

4-6 3対1の法則 ⎯⎯⎯⎯⎯⎯⎯⎯⎯⎯⎯⎯⎯⎯⎯⎯⎯⎯⎯⎯⎯⎯⎯ 110

4-7 ヤコブの法則、フィッツの法則：認知バイアス① ⎯⎯ 112

4-8 ミラーの法則、パーキンソンの法則：認知バイアス② ⎯⎯ 114

4-9 テスラーの法則、ハロー効果：認知バイアス③ ⎯⎯⎯ 116

4-10 キャッシュレス効果、デザイン固着：認知バイアス④ ⎯⎯ 118

コラム④ プロトタイプと一緒に使われる概念 ⎯⎯⎯⎯⎯⎯ 120

5章

ユーザー体験をテストする・見直す

⎯⎯⎯⎯ 121

5-1 デザイン思考：テスト ⎯⎯⎯⎯⎯⎯⎯⎯⎯⎯⎯⎯⎯⎯⎯⎯⎯ 122

5-2 UXピラミッド：UXデザインの評価指標① ⎯⎯⎯⎯⎯ 124

5-3 UXハニカム：UXデザインの評価指標② ⎯⎯⎯⎯⎯⎯ 126

5-4 UI/UXの評価10項目：ユーザビリティヒューリスティック評価 ⸺ 128

5-5 アイディア検証の11項目 ⸺ 132

5-6 ユーザーフローの設計 ⸺ 134

5-7 ユーザーエンゲージメント ⸺ 136

5-8 デザイン的直感とデータの使い分け ⸺ 138

5-9 情動ヒューリスティックとサンクコストの誤謬：認知バイアス① ⸺ 140

5-10 集団浅慮、ダニング＝クルーガー効果：認知バイアス② ⸺ 142

5-11 UXデザインの「けもの道」 ⸺ 144

コラム⑤ アクセシビリティデザインのガイドライン ⸺ 146

6章

ブランド・デザインを伝える・測定する

⸺ 147

6-1 顧客体験（CX）の考え方 ⸺ 148

6-2 ブランディングの考え方 ⸺ 150

6-3 ブランドの構成要素 ··· 152

6-4 ブランディングのプロセス ·· 154

6-5 リーンブランディング ··· 158

6-6 デザインとブランディング ·· 160

6-7 ブランド価値の測定 ··· 162

6-8 UXライティング ··· 164

6-9 エシカルデザイン ··· 166

6-10 アクセシビリティ ··· 168

6-11 ユニバーサルデザイン ··· 170

6-12 インクルーシブデザイン ··· 172

コラム⑥ ユニバーサルデザインのプロダクト事例 ····················· 174

コラム⑦ インクルーシブデザインのプロダクト事例 ················· 175

おわりに ·· 176

デザインとは何か

design
"見た目"中心の
デザイン

Design
デジタル時代の
デザイン

DESIGN
デザインと
ビジネスの融合

業界や状況などにより異なるデザインの定義

「デザイン」という言葉を聞いて、何を思い浮かべるでしょう。

最近は様々な分野においてデザインの重要性が語られていますが、デザインの定義は所属する業界や置かれた状況によって異なります。たとえば、広告制作の現場においてデザインと言えば、イメージやメッセージを表現する手段です。企業によっては、「デザイン思考」や「サービスデザイン」のようにデザインの考え方をビジネスに取り入れていることもあるでしょう。

このように近年、"デザイン"という言葉は広義で捉えられるようになっており、場面に応じて様々な意味で使われるようになっているのです。

英語には、意味の異なる3つのデザインがある

日本語では、「デザイン」は「デ・ザ・イ・ン」という1つの表記ですが、英語にはそれぞれ意味の異なる「design」「Design」「DESIGN」という3つの表記があります。

それぞれの意味を以下で解説しましょう。

1 design： 情報やメッセージの伝達を目的としたデザイン

「デザイン」と聞いておそらく最も多くの方がイメージするのが、すべて小文字の「design」です。design とは、文字・絵・図・写真などを用いて情報やメッセージを伝えるために、ビジュアルなどを作成する行為です。広告や商品パッケージの作成などが design に該当するでしょう。

design では、ある程度想定されたターゲットに対して、最も適切なビジュアルコミュニケーションの実現を目指します。design を担うデザイナーには、タイポグラフィーや色彩、空間構成などの知識のほか、デザインの完成に向けてビジュアルを作り込んでいくことが求められます。

具体例	・グラフィックデザイン ・工業デザイン ・広告デザイン
特徴	・ターゲットがある程度決められている ・情報やメッセージを伝えることが目的 ・単方向で、完成に向けた作り込みが求められる

2 Design: プロダクトやサービスの利用を目的としたデザイン

インターネットやデジタルメディアが発達する中で生まれたのが、最初だけ大文字の Design です。Design の対象は、従来の紙媒体ではなく、Web やユーザーインターフェイス、デジタルコンテンツなど、多くが画面内に存在するものです。

デジタルにおけるユーザー体験が複雑化するにつれて、ユーザーの行動を予測することは以前よりも難しくなっています。一方で、より多くのユーザーが Web やアプリ、デジタルコンテンツを利用するようになっているため、Design の価値は高まっているのです。

Design には「完成」という概念がありません。ユーザーの利用状況やフィードバックなどに基づき、技術やデバイスの進化に合わせて、つねに改善すること、進化し続けることが求められます。

具体例	・Web デザイン ・UI デザイン ・デジタルコンテンツデザイン
特徴	・ターゲットが明確に決まっていない ・プロダクトやサービスを利用させることが目的 ・双方向で、つねに改善し、進化し続けることが求められる

3 DESIGN: ビジネスの課題解決を目的としたデザイン

すべて大文字の DESIGN は、ビジネス上の課題解決のツールとしての役割を果たします。DESIGN では、ユーザーの割り出しのほか、ユーザーの利用シーンやユーザー体験の設計などが求められ、そのためビジネス成果に対するインパクトも大きくなります。

近年、様々な業界においてプロダクトのサービス化が進められています。そこで求められるのは、個別のモノの作り込みよりも、包括的なユーザー体験の設計です。つまり、DESIGN の重要性は高まっているのです。

DESIGN のゴールは"デザイン的な考え方でビジネスを成功させること"であり、ビジネスの主役はあくまでもユーザーです。そのため DESIGN には、ユーザー中心の考え方に基づいてビジネスモデルを作り出す役割が求められるのです。

具体例	・サービスデザイン ・UX デザイン ・デザイン思考
特徴	・ターゲットユーザーとユーザーニーズを自ら割り出す ・ビジネス上の課題を解決することが目的 ・ユーザー視点で、ビジネスモデルを作り出すことが求められる

ビジネスとデザインの関係

ビジネスにおけるデザインの重要性

　前項では、同じデザインでも英語には3つの意味があり、そのうち「DESIGN＝ビジネスの課題解決を目的としたデザイン」の重要性が高まっていることに触れました。本項では、デザインがビジネスに与えるインパクトについて解説しましょう。

　デザインのマインドセットや思考法をビジネス全体に適用することで、企業経営にプラスの効果が見込めるのです。

ビジネスとデザインの関係

　ある調査によれば、デザイン経営に取り組んでいる企業には売上成長率、株主還元率、ブランド価値などにおいて、次のような傾向があると報告されています。

・平均的な企業と比較して、売り上げ成長率が2倍になる可能性がある
・業界平均よりも成長率が2倍高く、株主還元率も高い
・ブランド価値が高い *
*「Best Global Brands 2021」ランキング（インターブランド）

　では、デザイン経営を実現している企業にはどのような特徴があるのでしょうか。

　マッキンゼー社の調査によれば、デザイン経営を実現している企業には共通して実践していることがあるそうです。

　それが、次の表に示した「1. アナリティカルリーダーシップ」「2. シームレスな顧客体験の提供」「3. 機能横断的なアプローチ」「4. 反復的な開発」という4つの項目です。

1. アナリティカルリーダーシップ	直感のみに依存しない、客観的なデザインの評価
2. シームレスな顧客体験の提供	単なるプロダクトの提供にとどまらず、顧客ニーズに対する最良の解決策の提供
3. 機能横断的なアプローチ	特定の部署ではなく、さまざまな部署の連携による取り組み
4. 反復的な開発	ユーザーテストを繰り返し実施する、反復的な開発の重視

では、そのためには何が必要なのでしょう。デザイン経営により成功した企業として有名なのは、Airbnb です。

Airbnb が成功した要因は、以下の 3 つだと言われています。

1. 経営者のデザインに対する 深い理解	2. ユーザー体験の質向上を何 よりも重視	3. デザインチームの強化
Airbnb の共同創設者ブライアン・チェスキーは、ロードアイランド・スクール・オブ・デザイン（RISD）でグラフィックデザインを学んだ。そのため、彼はデザインに対して深い知見を持っており、デザインがビジネスに与える影響や価値を理解している	Airbnb は、ユーザーが宿泊施設を簡単に検索し、予約できるように、使いやすいインターフェイスの提供に注力した。短期間でプロトタイプを作成し、それを用いてユーザーリサーチや A/B テストなどを実施することで、サービス体験を最適化している	Airbnb のデザインチームは、同社のビジョンやミッションに基づいてサービスを設計している。そしてデザインチームは、チーム内だけでなく、マーケティングやエンジニアなどのスタッフとも連携し、意見を交換することで、より良いサービス開発を促進した

なお、マッキンゼー社の調査によれば、デザイン経営がうまく機能しない企業には、以下のような文化的・組織的な要因があるそうです。

・保守的なリーダーシップゆえの意思決定のブラックボックス化

・顧客のニーズ・インサイトの理解不足
・関連部署の偏りによる、「実現可能性」という軸のみでの機能選定
・ユーザーの意見に基づく更新を重ねていくマインドセットの欠落

デザイナーの役割と仕事

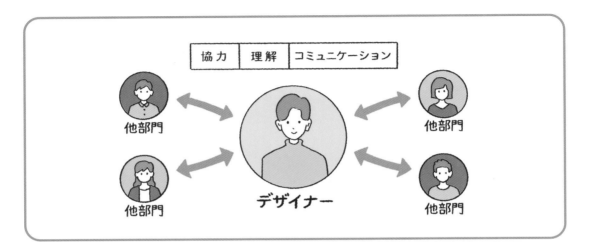

デザイナーに求められること

　建築、ファッション、UX、グラフィック、Web など、さまざまな分野においてデザインは求められます。デザインの業務内容は分野によって異なりますが、デザイナーと呼ばれる職業には共通して求められることがあります。それは、他者からの求めに応じて、何らかの課題を解決することです。

　また、デザインをするのはデザイナーの役割ですが、デザインによる課題解決はデザイナーだけでは完結しません。ほとんどの場合、他部門と連携することが求められます。

　解決するべき課題には、多くの場合、いくつもの要素が干渉しているため、デザイナーの知識やスキルだけで最大の成果を上げるのが難しいからです。デザイナーは、他部門と連携しながらデザインに取り組む必要があるのです。

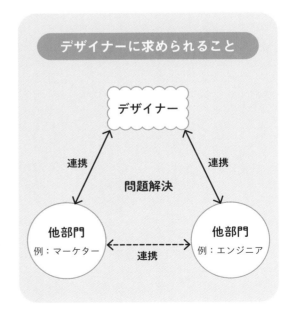

　真摯に問題に向き合い続け、最高の結果を引き出そうと試みる過程では、しばしばデザイナー自身にも、一見デザインに直接関係のないビジネスや技術の理解が求められるのです。

コミュニケーションの重要性

　デザインによって課題を解決する上では、コミュニケーションが重要です。デザイナーの仕事の3分の2が「情報を引き出す」「情報を伝える」などのコミュニケーションであり、残り3分の1が実際のデザイン作業であると言っても過言ではないでしょう。

　デザイナーに求められるコミュニケーションで重要なのはまず、然るべき人を探して、正しい情報を引き出すこと。そしてもう1つが、できたデザインを然るべき人に正しく伝えることです。

　このプロセスによって、はじめてデザインによる課題解決が実現します。そしてそのためには、デザイナーにも、制作物の見せ方や伝え方といったマーケティングやプレゼンテーションの能力が求められるのです。

　関係者への敬意を忘れず、周囲と建設的な協力関係を構築し、自らがデザイナーとして加わる意味を理解して、責任を全うすることがデザイナーに求められる仕事への向き合い方なのです。

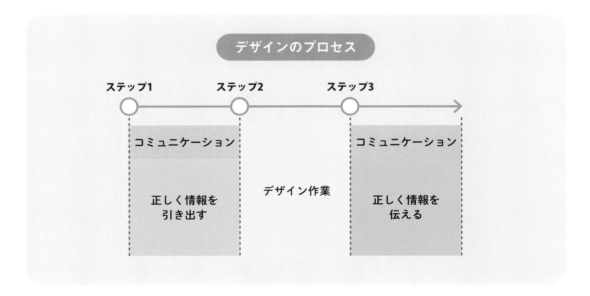

デザイナー的マインドセット

全員がデザイナー的マインドセットを持つ時代

　近年、デザインの重要性が高まってきたことから、デザイナー以外のメンバーもデザイナー的マインドセットを持つことが重視されるようになってきています。ではそもそも、デザイナー的マインドセットとは何でしょう。

　右ページに、デザイナー的マインドセットと従来のビジネスマン的マインドセットを比較して示しました。ここからわかるように、デザイナー的マインドセットとは顧客やユーザーを第一に発想し、時に反復しながら進めていくプロセスに重きを置く考え方であり、ビジネスマン的マインドセットとは現在持つアセットを軸に発想し、プロセスを一つひとつたどった上での結果を最大の評価指標とする考え方と言えるでしょう。

　デザイナー的マインドセットとビジネスマン的マインドセットの2つには本来、優劣はありません。それぞれ、異なる考え方で、対象にアプローチします。ビジネスのプロジェクトをデザイナー的マインドセットで取り組むことも可能ですし、デザインのプロジェクトをビジネスマン的マインドセットで取り組むことも可能です。

デザイナー的マインドセットが求められる領域

　時代の変化が激しい現代、既存市場の状況や過去の成功事例などだけから、未来の顧客が求めるプロダクトやサービスを予測するのは困難になりつつあります。つまり、ビジネス的マインドセットだけでは、ビジネスを成功させるのが難しくなっているのです。

　逆に言えば、デザイナー以外のメンバーにもデザイナー的マインドセットが求められる領域がだんだんと広がっているのかもしれません。今後、プロジェクトのメンバーがデザイナー的マインドセットをビジネスで活用する機会は、さらに増えていくでしょう。

　一方で、ビジネスを継続して成功させるには、素早いプロダクトアウト、ユーザーへのプロモーションと利用拡大、徹底したユーザー分析、分析結果に基づく改善が求められます。そこでは、ビジネス的マインドセットも求められます。

　つまり、デザイナー的マインドセットとビジネス的マインドセットを組み合わせることが、ビジネスの成功には必要不可欠なのです。

デザイナー的マインドセット	ビジネスマン的マインドセット
クリアにコミュニケーションを行う デザインに関するアイディアや目的、意図を他者に明確に伝える	**ロジカルで構造的** 論理的に判断することは、正確な戦略立案を目指す上での基本
正しいものを正しいところに 意図通りにサービスを利用させるためにも、「ユーザーの誤解を招かない」という発想を持つ	**具体的な計画が立たない事業は進めない** 明確な目標や計画なしに事業を進めることは、失敗のリスクを高める
自由な発想からスタート 青天井で考えて生まれた発想でデザインする	**感覚よりも分析中心** 分析に基づく正確な情報はより確度の高い意思決定を導く
制限をクリエイティブの源に 制限があるからこそ動きやすい。制限があることは最大限のアイディアにつながる	**トラブルや制限を嫌う** 円滑なビジネス運営のために、トラブルの回避や制限の緩和を優先する
顧客/ユーザー視点で考える つねに顧客やユーザーの視点で、彼らが知覚していることを中心に発想する	**ビジネス視点で考える** 利益や事業成長といったビジネス目標の達成を最優先として戦略や計画を立てる
仮説 > コンセプト > プロトタイプ > 検証 > 改善のプロセス 時に反復しながら進めていく。これは、デザインの基本プロセス	**分析 > 決定のプロセス** 情報やデータの収集と分析から決定を導く収束的なプロセスを採用する
失敗から学ぶ 失敗はデザインを改善するために良質なフィードバックと捉える	**失敗やミスは許されない** 失敗やミスはコストであり、回避するべきものと考えられる
心地良さを優先 心地良さはユーザーの使いやすさや愛着を生む重要な要素	**機能やスペックを重視** プロダクトやサービスの機能やスペックの優位性が競争力を高め
ロジックと感覚の両方を活用 デザインは、目的に基づくロジカルな判断とクリエイティビティのバランスで成立する	**過去のケーススタディーから学ぶ** 他社の成功事例や失敗事例を分析し、今後のビジネスに活かす
わかりやすさや使いやすさを優先 ユーザーにとってのストレスの少なさ、快適さがデザインの質を左右する	**既存のマーケットの状況を重要視** 現状のマーケットの理解から、その潮流を汲んだ事業アイディアを発想する
Less is more シンプルさやわかりやすさはデザインの効果や魅力を引き立たせる	**More is good** より多くの顧客や収益、市場シェア、製品の機能を良しとする
相手の気持ちを理解する定性的な理解 定性的な理解はユーザーや顧客の課題を解決するために最も基本的となる姿勢	**数字で得られる結果にフォーカスする定量的な理解** 数字に現れる定量的な理解は、客観的に評価しやすいために意思決定の軸となる

デザイナーのスキルセット

デザインの意味や役割の広がり

現在、企業においても、社内のさまざまな役職に「デザイン」という名称が付き始めています。例えば、人事であればキャリアデザイン、経営企画はビジネスデザインなどです。これもまた、デザインの意味や役割が広がってきていることを示す1つの現れでしょう。

では、現在のデザインにはどのような役割が求められているのでしょうか。

現在、デザインが果たす役割は、「どのように見せるか」から「どのような体験を提供するか」へと広がりつつあります。

そのため、デザイナーには、ユーザー体験を一気通貫で考えることが求められるになっています。そこでは、デザイナーが時に、自らデザインしたものを動かす役割も求められるのです。

「デザイナー」に求められるスキルは

デザインの意味や役割が広がったことで、当然、デザイナーに求められるスキルも変わってきています。これまでのように、簡単にスケッチしたり、ビジュアルで説明したりスキルだけでなく、リサーチをしたり、コンテンツを作成したり、時にはコーディングしたりするスキルも求められるようになっているのです。

ある意味、ビジネスマンやエンジニアなどに求められるスキルが、デザイナーにも求められるようになっているのかもしれません。

ここでは、デザイナーに求められるスキルとして、「1. 共感力」「2. 身軽さ」「3. リサーチ力」「4. ビジネスセンス」「5. コーディング力」「6. バランス感覚」「7. コンテンツ作成力」「8. コミュニケーション力」の8つを紹介しましょう。

デザイナーに求められるスキル

1 共感力

デザイン思考の第一歩は「ユーザーの深い理解」である。自分本位にならずに、つねにユーザーへの共感が必要となる

2 身軽さ

身軽さとは「機敏さ」とも言い換えられる。身軽さには、単に作業する速さだけではなく、レスポンスや対応の速さも含まれる。成果物を作り、フィードバックをもらい、必要に応じて改善するというサイクルを迅速に回すことが重要である

3 リサーチ力

適切なデザインは適切なリサーチから始まる。リサーチはデザインの精度アップにつながる。デザインの成果物がユーザーに受け入れられ、愛されるには、価値観や環境への理解が必要不可欠である

4 ビジネスセンス

デザインとビジネスが遠い位置にあると考える人は少なくない。しかし、デザインの最も重要な役割は利益の最大化である。デザインが事業を成長させる事例も少なくない

5 コーディング力

デジタルサービスは通常、企画・開発・運用・改善というプロセスで進められるが、デザインの役割が最も高いのは開発である。必然的にエンジニアとのコミュニケーションが多くなるため、デザイナーには彼らの仕事内容の理解や同じ目線で会話できる技術知識が求められる

6 バランス感覚

デザイナーは往々にして、自分の主張と相手の主張とのバランスを取る必要がある。そのためには、客観的な意見を受け止める寛容さや柔軟性、必要に応じて専門家の観点から建設的に発言を返して最善を探っていく姿勢が必要となる

7 コンテンツ作成力

「デザインが先か、コンテンツが先か」とはデザインの現場でよく聞かれるフレーズである。状況にもよるが、デザイナーも時に自らコンテンツを作る気構えが必要になる。デザイナーがマーケターと連携して一緒にコンテンツ作成を進めるのだ

8 コミュニケーション力

先述の通り、デザイナーの仕事の多くを占めるのがコミュニケーションである。顧客やユーザーとのやりとり、メンバーとの対話、プレゼンテーションなど、さまざまなコミュニケーションが必要となる

デザイン思考とサービスデザイン

デザイン思考とそのプロセス

「デザイン思考」とは、「ユーザーの視点に立ってビジネス上の課題を解決するための思考法」です。本書においては、「ユーザー視点でヒットするプロダクトやサービスを作り出すためのマインドセット」と定義します。

デザイン思考は、プロダクトやサービス、あるいはビジネスの開発に欠かせない概念であり、欧米はもちろん日本でも近年、導入する企業が増えています。本文へと進む前に、まずはデザイン思考の全体像を解説しましょう。

一般に知られているデザイン思考のプロセスは、「1. 共感・理解（Empathize）→ 2. 定義・明確化（Define）→ 3. アイディア発想（Ideate）→ 4. プロトタイプ（Prototype）→ 5. テスト（Test）」という流れです。

共感・理解では、ユーザーの視点に立って、彼らの感情やニーズを深く理解します。具体的には、ユーザーと対話し、観察し、課題を明らかにします。これは、自ら

が彼らの立場に立つことで、彼らの経験や深層心理に共感するためです。

定義・明確化は、共感・理解の結果に基づいて、課題を定義する段階です。何を解決すべきか、どのようなニーズが存在するかを特定し、問題領域を絞り込みます。この段階では、解決すべき問題に焦点を当て、プロジェクトの方向性を設定するのです。

アイディア発想では、定義した課題を解決するアイディアを出します。この段階では、アイディアの品質よりも量を重視し、異なる視点からのアプローチを模索することが重要です。アイディアは可能な限り自由に出し合い、クリエイティブなブレインストーミングでセッションするのです。

プロトタイプは、生み出したアイディアの中から有望なものを選び、それを具体的な形に落とし込む段階です。プロトタイプを使えば、アイディアが実際にどのように動作するかを確認できます。これにより、アイディアを視覚的に理解できるのです。

そしてテストでは、作成したプロトタイプをユーザーに提供し、フィードバックを収集します。ユーザーの反応や洞察を通じて、アイディアを評価したり、改善点を特定したりするのです。テストは継続的なフィードバックループの一部に過ぎません。必要に応じて前のステップに戻って修正を加えましょう。

サービスデザインのプロセス

　本書では、デザイン思考のプロセスをベースにして、「1. ユーザーを観る・理解する → 2. ユーザーに共感する・問いを立てる → 3. アイディアを練る・コンセプトを立案する → 4. ユーザー体験を設計する・プロトタイプを作成する → 5. ユーザー体験をテストする・見直す → 6. ブランド・デザインを伝える・測定する」という「サービスデザインのプロセス」を定義しています。

　サービスデザインのプロセスは、先に説明したデザイン思考のプロセスと似ていることがわかると思います。ただし、サービスデザインのプロセスでは、「ユーザーの観察＋ユーザーの理解」からプロセスを開始し、次に「ユーザーの共感＋課題の定義」を実施することを提唱しています。

　これは、本質的な課題の定義には、ユーザーの観察・理解が必要になると考えたためです。これにより、市場や潜在的なターゲットユーザーを理解することが可能になります。

　また、サービスデザインのプロセスは、クライアントから請け負った仕事でも、ブランディングの仕事でも活用できます。

　1章以降では、サービスデザインのプロセスに沿って、より良い体験をユーザーに提供するための思考法やフレームワークを見ていきましょう。

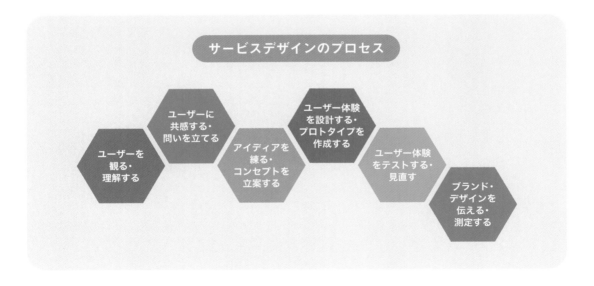

サービスデザインのプロセス

- ユーザーを観る・理解する
- ユーザーに共感する・問いを立てる
- アイディアを練る・コンセプトを立案する
- ユーザー体験を設計する・プロトタイプを作成する
- ユーザー体験をテストする・見直す
- ブランド・デザインを伝える・測定する

本書の構成と
サービスデザインのプロセス

本書では、デザイン思考をベースにUXデザインのプロセスも踏まえて考案した「サービスデザインのプロセス」を提唱しています。

サービスデザインのプロセスは、「1. ユーザーを観る・理解する」→「2. ユーザーに共感する・問いを立てる」→「3. アイディアを練る・コンセプトを立案する」→「4. ユーザー体験を設計する・プロトタイプを作成する」→「5. ユーザー体験をテストする・見直す」「6. ブランド・デザインを伝える・測定する」という流れで進みます。

本書では、この各プロセスで使われる考え方を各章ごとに解説しています。

すなわち、1章には「ユーザーを観る・理解する」、2章には「ユーザーに共感する・問いを立てる」、3章には「アイディアを練る・コンセプトを立案する」、4章には「ユーザー体験を設計する・プロトタイプを作成する」、5章には「ユーザー体験をテストする・見直す」、6章には「ブランド・デザインを伝える・測定する」に関する思考法やフレームワークがまとめられているのです。

それぞれを簡単に紹介しましょう。

1章
ユーザーを観る・理解する

1章には、「ユーザーを観る・理解する」ための考え方がまとめられています。

サービスデザインにおける「ユーザーを観る・理解する」とは、ユーザーのニーズや問題点を深く理解していくプロセスです。デザイン思考においても、実際にプロダクトやサービスを利用するユーザーとユーザーの持つ課題の理解から始まります。

ユーザーの理解はまた、それ以降のプロセスにおけるベースとなります。そこで重要になるのが、デザインリサーチ、特にユーザーリサーチです。また、「ユーザー理解の本質」として、つねに心に留めておきたいマインドセットについても紹介しましょう。

2章

ユーザーに共感する・問いを立てる

2章の「ユーザーに共感する・問いを立てる」には、ユーザーの立場に立ち、彼らが抱える問題や課題を深く理解し、それに対する解答を得るための問いかけや考え方がまとめられています。

優れたサービスを生み出す上で重要なキーワードは「共感」です。ユーザーが何を見て、何を感じて、何を経験しているのかを、あくまで彼らの立場に立って理解することが「共感」です。

その上で、「問いを立てる」プロセスに入ります。実は、本書における「問いを立てる」という言葉には2つの意味があります。1つは、デザイン思考における「Define（問題定義）」に基づく「これから解決すべき問題を定義する」というプロセス。もう一方は、「実際に『解決すべき問題』を定義するための問いを立て、検討していく」アクションです。

前者では、ユーザーのニーズや目標、制約条件などを考慮し、解決すべき問題を特定することを目指します。そして、後者ではさまざまな角度から問いかけをしながら、実際に向き合う問題の定義をしていくのです。

「共感」に向けて問いを立てることの重要性がここにあります。つまり、彼らに共感しているからこそ、「本当にユーザーが求めていることは何か」という観点で考え、本質的な問いを立てることができるのです。

2章では、ユーザーに共感するためのツールや問いを立てる際のヒントなど、ユーザーへの理解から、問題を定義していく際の考え方を紹介していきます。

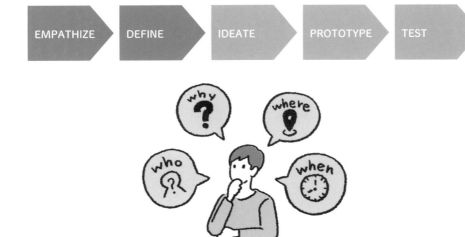

アイディアを練る・
コンセプトを立案する

問いに対する答えの候補になるアイディアを練り、そしてサービスの核となるコンセプトを立案していくことが3章のテーマです。

まず、アイディアを練る前には、多くのアイディアを出すことが重要です。これは、デザイン思考における「Ideate（アイディテート）」のフェーズに当たります。

3章では、複数人でアイディアを発想したり検討したりするための手段として、ワークショップをメインに取り上げ、ワークショップにおけるファシリテーションの基本を紹介します。また、ここではそうして出したアイディアをコンセプトへと落とし込んでいくプロセスについても触れています。

通常コンセプト立案の現場では、時にユーザーの声も聴きながらアイディアを絞り込んだり、あるいは組み合わせたりして、サービスのコンセプトを決めていきます。その際に、意識しておくとコンセプト立案の助けになる認知バイアスの考え方も紹介しています。

ユーザー体験を設計する・
プロトタイプを作成する

次の4章では、アイディアのユーザー体験を考えたり、実際に体験できるようにプロトタイプを作成したりするなど、立案したアイディアに命を吹き込み、具体化していくための考え方へと進んでいきます。

この章では3章と同様に、サービス体験を考える際に頭の片隅に意識をしておくとよい、体験の精度を高めてくれる法則やユーザー心理に関する認知バイアスなどのTipsを紹介しています。

このプロセスは、デザイン思考のプロセスにおける「Prototype（プロトタイプ）」に該当します。アイディアを形にすることで、文字や言葉での表現よりも、より単純に、より感覚的に理解しやすいでしょう。

プロトタイプ作成の目的、よくあるプロトタイプの種類など、基本的な内容についても解説しています。

5章

ユーザー体験をテストする・見直す

5章では、デザイン思考のプロセスにおいて終盤に当たる「Test（テスト）」に関する考え方を解説します。作成したアイディアのプロトタイプを用いて、想定しているユーザー相手にテストを実施し、フィードバックをもらうのです。

このプロセスで重要なのは、ユーザーから多く、そして詳細なフィードバックをもらうことです。フィードバックの内容に応じて、サービスの方向性やチームとしての方針を調整していきます。

この章ではまた、テストを通じて得られたフィードバックを咀嚼し、サービスアイディアやユーザー体験の改善に生かしていく際に注意するべきポイントをまとめています。

その上で、ユーザー体験やアイディアそのものを評価する際の目安となる項目や、ユーザーからのフィードバックを受けて次なる改善に活かすための意思決定を支える概念など、ユーザーテストを経てアイディアをブラッシュアップする際に参考になる考え方を紹介します。

EMPATHIZE ▶ DEFINE ▶ IDEATE ▶ PROTOTYPE ▶ TEST

6章

ブランド・デザインを伝える・測定する

プロダクトやサービスを実装し、市場にリリースしても、デザインの仕事は終わりません。プロダクトやサービスの価値を正しく伝えて、プロダクトやサービスをユーザーに届ける必要があるのです。せっかく作ったものが然るべきユーザーに届かず、使われなければ元も子もないからです。

最終章にあたる6章では、作り上げたプロダクトやサービスを正しく伝えて、その結果を評価するための考え方に焦点を当てています。

「伝えること」「評価すること」については、一般にマーケティング領域に近い印象をお持ちの方も多いことでしょう。しかし、マーケティング活動の結果を受け、状況に応じてブランドやデザインの改善を行うことが重要なのです。

この章では、ブランド・デザインを伝えて、評価するための手法として、UX ライティング、エシカルデザイン、ユニバーサルデザイン、インクルーシブデザインといった概念について解説しています。また、その前提として、サービスを利用するユーザーのみならず、ユーザー体験やブランドの設計について考えます。

デザインとブランディングは密接に関連しており、ブランディングにおいて、デザインは企業やブランド、そしてプロダクトやサービスの価値を伝える手段として機能します。逆に言えば、デザインはブランディングという行為を通じて、ユーザーをはじめとする多くの人に伝わっていくのです。本章では、ブランディングの基本概念から、弊社で定義しているブランディングプロセス、デザインとの関係性などについても説明しています。

1章

ユーザーを観る・理解する

1-1 デザイン思考:定義・明確化

1-2 デザインリサーチの考え方:
生成的調査と評価的調査

1-3 デザインリサーチの手法:
デザインリサーチとマーケットリサーチ

1-4 ユーザーリサーチの考え方:
定量調査と定性調査

1-5 ユーザーリサーチの手法:
ユーザーインタビュー

1-6 リフレーミング

1-7 ユーザー理解の本質

1-8 内向的思考

コラム① デザイン経営の企業事例:Airbnb

デザイン思考：定義・明確化

①ターゲットユーザー

②ユーザーニーズ

③市場状況と実現したい未来

デザイン思考における「定義・明確化」

デザイン思考における「定義・明確化」とは、プロダクトやサービスのユーザーが抱える課題を明確化し、定義するプロセスです。

ユーザーが抱える課題を定義する上では、「ターゲットユーザー」「ユーザーニーズ」「市場状況と実現したい未来」を明確化することになります。これらを明確化することで、課題を正確に理解し、きちんと課題にフォーカスすることが重要なのです。

ターゲットユーザー

課題定義のプロセスでは、まずサービスの利用者となり得るターゲットユーザーを定義します。この際、具体的に定義することが重要です。たとえば、単なる「日本に来る旅行客」ではなく、「日本に来る〇〇な旅行客」と定義するのです。

〇〇に入る情報は、日本への渡航歴、滞在期間や滞在先、日本語の理解度などさまざまです。こうした情報を定義せずに、受け取る人が自由に想定できるままにする

と、ユーザー像が抽象的になり、受け取る人の認識にズレが生まれやすくなります。ターゲットユーザーをより具体的かつ詳細に定義することが重要なのです。

ターゲットユーザーの定義

日本に来る旅行客

渡航歴
滞在先
滞在期間
日本語の理解度

ターゲット

ユーザーニーズ

デザイン思考が従来の考え方と大きく異なるのは、「解決策に焦点を当てない」という点です。解決策ではなく、解決策の根本となるユーザーニーズに焦点を当てるのです。

「もし人々に何がほしいかを聞いていたら、彼らはもっと速い馬がほしいと答えていただろう」とは、大衆向けの自動車を“発明”したと言われるヘンリー・フォードの言葉です。

「より速い馬＝解決策」ではなく、「より速く移動したい＝ユーザーニーズ」に着目したことでユーザーの課題が明確になり、自動車というイノベーションが誕生したのです。

市場状況と実現したい未来

現在の市場のみを視野に入れてプロダクトやサービスをデザインすると、将来的に使われなくなってしまう可能性が生じます。

現在の市場と、これから実現したい未来の市場とをセットで考えて、プロダクトやサービスをデザインしましょう。

そのためには、現在の市場環境だけでなく、市場に起こり得る変化、ユーザーの変化、ひいては時代の変化を洞察することが重要になります。

これにより、プロダクトやサービスを一過性のもので終わらせず、市場で継続的に提供することが可能になるのです。

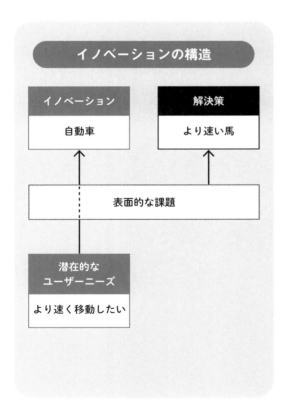

デザインリサーチの考え方：生成的調査と評価的調査

デザインリサーチとは

デザインリサーチには、広義では複数の意味があります。アカデミックな領域では、プロダクトやサービスをデザインするためのプロセスや手法に関する研究を指します。一方、ビジネスの領域では、プロダクトやサービスを対象ユーザー（生活者）がどのように捉え、どのように使うのかを理解するための調査手法全般を意味します。

ここでは主に、後者の「デザインリサーチ」について解説していきます。

デザインリサーチが必要な理由

昨今、多くの企業は、新たなビジネスの創造、ひいてはイノベーションの創出の必要性に直面しています。しかし、イノベーションの創出には、従来の経験に基づく手法だけでは十分ではありません。

では、ユーザーのニーズに的確に応え、社会に価値をもたらすビジネスを創造するにはどうすればいいのでしょう。そこで注目されてきたのが、ユーザーの深い理解から新たなビジネスの機会を探るデザインリサーチなのです。

ユーザーの潜在的な価値観や言語化されていないインサイトをすくい取り、本質的な価値創出につなげる問いを見出すデザインリサーチは、不確実性が高まる現代社会においてビジネスを成功させる上で欠かせないアプローチなのです。

デザインリサーチの目的と特徴

サービスデザインにおけるデザインリサーチの目的は、「デザインを前進させるためのあらゆるヒントを探索・収集すること」です。

デザインリサーチには、ユーザーニーズやビジネス機会の探索に比重を置いたリサーチと、ユーザーニーズや

ビジネス機会の検証に比重を置いたリサーチの2つがあります。前者は「生成的調査」、後者は「評価的調査」と呼ばれます。いずれも「ユーザーの理解」に主眼を置きながら進められます。

デザインリサーチでは、生成的調査、評価的調査の両方を並行して進めます。つまり、つねに仮説を立てながら検証することで、新たな気づきを得ながら進めていくのです。

ただし、調査の比重はプロジェクトの進行とともに変わっていきます。プロジェクトの序盤では生成的調査に比重が置かれ、徐々に評価的調査に重点が移っていくのです。

1 生成的調査 (Generative Studies)

プロトタイプやテスト、インタビューや観察などを通じて、ユーザーの価値観やニーズを理解し、新たなビジネス機会やサービスの創出を目的とするリサーチである

2 評価的調査 (Evaluative Studies)

ユーザーの価値観やニーズに関する仮設は正しいか、新たなビジネスやサービスは機能するか、ユーザーにとって望ましいかなどを検証するためのリサーチである

生成的調査と評価的調査の比重（イメージ）

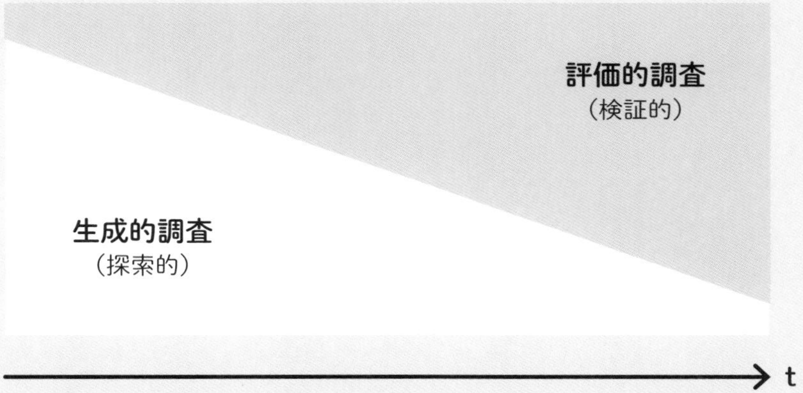

評価的調査
（検証的）

生成的調査
（探索的）

→ t

プロジェクトの序盤では、新たな発見を積極的に拾う生成的調査に比重が置かれる。そして、ユーザー理解、アイディアの具体化によって検証したい項目が増えるにつれ、徐々に評価的調査に重心が移っていく

デザインリサーチの手法

デザインリサーチの代表的な手法

　デザインリサーチでは通常、観察やインタビューなどによる「ユーザーリサーチ」、ユーザーの立場で体験することによる「体験調査」、専門家や有識者にインタビューする「エキスパートインタビュー」などの手法を使って、ユーザーの理解を深め、潜在的なニーズを探ります。

　デザインリサーチでは、状況に応じてさまざまな手法を組み合わせ、その結果得られた気づきに基づいて新たな問いを立てることで、より良いデザインにつながる道筋を設計するのです。

　デザインリサーチの実施にあたっては、ユーザーを深く理解するため、状況に応じてマーケティングリサーチで用いられるアンケートなどの調査手法を併用することもあります。

　この他、人の暮らしを包括的に、かつ手軽に調査する方法として、デスクリサーチなども使われます。デスクリサーチでは、歴史調査、先行研究調査、未来予測などを通じて、人の暮らしについての理解を深めることができます。

　ここでは、デザインリサーチの主な手法として、ユーザーリサーチ、体験調査、エキスパートインタビューの3つを紹介します。プロダクトやサービスの特徴、リサーチの目的などに応じて、さまざまなリサーチ手法を使い分けるとよいでしょう。

ユーザーリサーチ（観察、インタビューなど）
・対象ユーザーの暮らしを観察したり、半構造化インタビューなどを行ったりする。定量的な調査では理解が難しい、一人ひとりの感情や思考などの定性的な情報の収集から、人の願望や潜在的なニーズの理解を深める

体験調査
・リサーチャーが自身がユーザーの立場でサービスや暮らしの体験をすることで、対象ユーザーの理解を深めていく。実際のユーザーに近い環境に置かれ、似たような体験を持つユーザーからのインサイトが得られる

エキスパートインタビュー
・業界の専門家・有識者へのインタビューを通じて、プロダクトやサービスなどについての意見や他社事例を収集する。専門的な知識に基づく示唆的なインサイトや対象に対する多角的な理解が得られる

マーケットリサーチとデザインリサーチの違い

なぜ、デザインリサーチでも、マーケットリサーチの調査手法が使われるのでしょう。それは、デザインリサーチとマーケットリサーチでは、それぞれ目的や得られるものが変わってくるからです。

デザインリサーチがアイディアの創出、インスピレーションやインサイトの獲得などを目的とするのに対し

て、マーケットリサーチはアイディアの検証や市場トレンドの把握などを目的とします。また、デザインリサーチとマーケットリサーチでは、注目するべき対象や目的などが変わってきます。たとえば、デザインリサーチでは「私情」に注目するのに対し、マーケットリサーチでは「市場」に注目します。

以下の表に、デザインリサーチとマーケットリサーチの主な違いをまとめました。

	デザインリサーチ	マーケットリサーチ
注目するべき対象	**私情**（＝一人ひとりの行動・思考・感情） ・特徴的な行動、習慣を持つ人	**市場**（＝集合としての人） ・対象とするセグメント
主な目的	・今までにないアイディアの創出 ・思い込みの破壊、インスピレーションの獲得 ・良質なインサイトの獲得（顧客自体が気づいていない本音・欲望）	・アイディア（仮説）の検証 ・市場に関する大きなトレンドの把握
調査者の心がけ	・探索・生成 ・共感・主観を重視	・選定 ・客観的な判断を重視
主な調査手段	・定性調査（観察、体験、デプスインタビューなど）	・定量調査（アンケート、デスクリサーチなど）

ユーザーリサーチの考え方： 定量調査と定性調査

定性調査	定量調査
☑ 回答や意見	☑ 数値や量
☑ 深く調査	☑ 広く調査
☑ ユーザーを理解	☑ 全体傾向を把握

ユーザーリサーチとは

　前例のない課題や未知の問題に対して最適な解決を図るための思考法である「デザイン思考」では、「ユーザーに対する共感と深い理解」から課題解決に向けたプロセスを開始します。

　つまり、デザイン思考における最初の具体的なアクションはユーザーリサーチの実践なのです。

　ここでいう「ユーザーリサーチ」とは、文字通りユーザーを深く理解するために実施する調査です。ユーザーリサーチを通じて、ユーザーの特性・言動・行動のほか、ユーザーが物事を達成する際のモチベーションを理解するのです。

定性調査と定量調査

　ユーザーリサーチの手法は大きく、「定性調査（質的調査とも呼ばれます）」と「定量調査（量的調査とも呼ばれます）」に分けられます。

　定性調査は、人間の行動や感情など数字で表せない情報を対象とするリサーチです。インタビューやエスノグラフィー（簡単な説明を入れる）などにより行われる定性調査では、リサーチ対象となる人数は限られます。

　一方、数字で表せる情報を扱うのが定量調査です。定量調査はしばしば、サーベイやアンケートなどを通じて実施され、リサーチ対象はより広範囲で、人数が多くなります。

定性調査：仮説構築と原因把握

- 定性調査はユーザー自身も気づいていない「潜在的なニーズ」を見つけるのに向いている
- ユーザーに深く共感し、ユーザー以上にユーザーを理解することで効果を発揮する
- インタビューや観察のような質的なリサーチでは、より広い視点で多角的に対象を捉えることで、問題点や解決策を見つけ出すことができる

定量調査：仮説検証と実態把握

- 定量調査は、物事の実証に向いている
- 通常、定量調査の結果は、メンバー内での議論の材料や相手の説得に用いたり、リスクやアイディアなどの仮説検証に活用されたりする
- 定量調査を実施する前のアンケートなども、ユーザーの傾向把握やインタビュー対象者の選出に役立つ

定性調査と定量調査は使い分けが肝要

　定量調査を使えば、100人を対象に10の事柄を検証できるのに対し、定性調査を使えば、10人を対象に100の新たな真実を学ぶことができます。

　定性調査と定量調査は、どちらかが調査方法として優れているわけではありません。定量調査と定性調査を組み合わせて使うことで、ユーザーについて貴重で立体的なインサイトが得られるのです。それぞれの調査方法の特徴や強みを理解した上で、状況に応じて使い分けたり、組み合わせたりすることが重要です。

ユーザーリサーチの手法: ユーザーインタビュー

ユーザーリサーチの実施にあたり、聞き手は「ユーザーは自らの考えを言語化できない」「聞き手にはバイアスや固定観念が存在する」という2つの問題に向き合うことになります。

ここでは、ユーザーインタビューに臨む上で必要となるマインドセットについて考えましょう。

ユーザーは考えを言語化できない

ユーザーは自らの考えを言語化できない可能性があるため、聞き手はその点を考慮の上で「好奇心」を持って

インタビューする必要があります。ここでいう好奇心とは、知的好奇心が強い状態、すなわち真実や事実といった本質を掴もうとする探究心が前に出ている状態です。しつこいほどに、「なぜだろう」「本当にそうかな」と考える態度こそが、より深いユーザー理解の原動力となるのです。

ユーザーに何がほしいかを聞くよりも、なぜそれがほしいのかという動機を聞くほうが、ユーザーの本質的なニーズがわかるという考え方があります。このように、「ユーザーの何を回答とするのか」を考え抜く姿勢が求められるのです。

1 ユーザーは自らの考えを言語化できない

→ 相手に関心を持ち、深く理解していく好奇心

2 聞き手にはバイアスや固定観念が存在する

→ バイアスを生じさせないオープンマインド

聞き手にはバイアスや固定観念が存在する

　聞き手は、何らかのバイアスや固定観念を持ってユーザーの話を聞いている可能性を自覚する必要があります。バイアスを生じさせないためには、意識的にオープンマインドであり続けなくてはなりません。

　オープンマインドとは、バイアスや固定観念を捨て去り、未知の考え方や事実を柔軟に受け入れる姿勢です。これは重要な情報を見逃すリスクを避けて、多くの真実を見つけるカギとなります。

　また、こうした態度は相手に 安心感を与えて「話しやすい」雰囲気を作ります。ユーザーが本音を話してくれる可能性が上がるため、深いユーザー理解のためにぜひ意識しましょう。

ユーザーリサーチの基本手法

　ユーザーリサーチの実施にあたっては、さまざまな手法が使われます。ここでは代表的な手法として、「デプスインタビュー」「フォーカスグループインタビュー」「フィールドワークリサーチ」を紹介しました。以下の表に、それぞれの形式、利点、注意点をまとめています。

　なお、「エスノグラフィー調査」という言葉を聞いたことのある方もいらっしゃるかもしれません。フィールドワークリサーチはエスノグラフィー調査の一種です。エスノグラフィー調査では通常、特定のユーザーやグループに着目し、彼らと行動を共にしながら、より深いインサイトを得ようとします。一方、フィールドワークはユーザーの全体像を理解するために実施します。

	デプス インタビュー	フォーカスグループ インタビュー	フィールドワーク リサーチ
形式	質問者と回答者の1対1で行うインタビュー。回答者自身やリサーチトピックに関する意見、実体験を聞き出す。回答者の価値観を理解することに注力	4〜6名のグループでの座談会形式。トピックに関して回答者らに意見や体験等を話してもらったり、議論してもらったりする	幅広く全体像を掴むことに向いている。ユーザーの生活範囲に直接足を運び、ユーザーの生活環境を観察・体験することで理解を深める
利点	問題に深く踏み込みやすく、ユーザーのパーソナルな情報を集めやすい。質問やトピックに関しても深掘りしやすい	グループの共通の価値観や経験などをあぶり出しやすい。他人の発言に対する反応からその人の人となりを推測できる。一度に複数人にインタビューできる	情報の背景を知ることができるため、ユーザーに共感する視点を増やせる
注意点	1対1であるからこそ、回答者との間に信頼関係を築かないと感情や本音を引き出しづらい。原則、回答者は1名であることが多いため、インタビュー数は増やしにくい	個々の回答の深掘りにかける時間が少ない。回答者がその場の空気や雰囲気に流されやすくなり、本音を話してもらえない可能性が高まる。インタビュー実施の日程調整に時間がかかる	実施条件によって環境が変化し得る。自分が目にしたことや体験したことが、必ずしもユーザーのそれとは同質でないと意識することが重要

リフレーミング

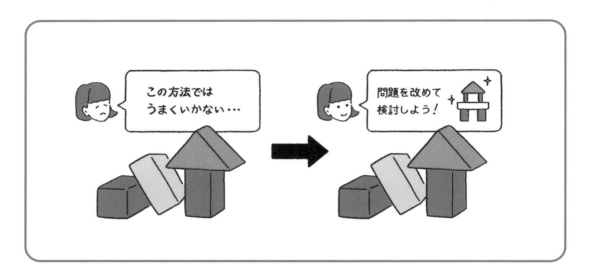

リフレーミングとは

　ビジネス領域における「リフレーミング」とは、ある問題の解決策を考える上で、問題の捉え方（枠組み）を変えて、従来とは異なる視点から問題を見ることによって、従来とは異なる解決策を見つけるための思考法です。

　リフレーミングのフレーミングとは写真などを飾るフレーム（額）の動詞形です。フレーミングという言葉に「再（ふたたび）」を意味する「リ」という接頭語を付けたリフレーミングは、問題を「再定義」することを意味します。

　リフレーミングのポイントは、「解決策」を見直すのではなく、「問題」を見直すことで、解決策にたどりつくというアプローチです。答えよりもまずは問題に焦点を当てて、問題をリフレーミングすることで多角的に問題を捉えるのです。

　リフレーミングは、従来のアプローチでは、解決策を見出すのが難しい課題に対処する上で有効な思考法です。実際、イノベーションと呼ばれるものもまた、既存の解決策の改善や技術面の進化よりも、問題を再定義するリフレーミングによって生まれているケースが少なくありません。

　現在、サンフランシスコやシリコンバレーのスタートアップ企業では、新たなサービスの開発だけでなく、既存サービスの転換においても、リフレーミングがよく用いられています。

Twitter（現X）の事例

Twitterもまた、実はリフレーミングから生み出されたサービスです。

創立者の一人であるビズ・ストーンによると、ツイッターが元々目指したのはジャーナリズムの変革であり、より透明性と中立性の高いメディアを作ることだったそうです。

当時、ユーザーが情報を気軽に配信できる情報プラットフォームはほとんど存在せず、多くのニュースや情報は主要メディアを通じて届けられていました。しかし、メディアを通じた報道はリアルタイム性と中立性が低く、人々の生の声を世界に伝えられていなかったのです。

そこでTwitterは「リアルタイム性と中立性が低い」という問題に対して、リフレーミングを行いました。そして、問題を「リアルな声を発信する」として捉え直した結果、新しいメディアとしてのTwitterが生まれたのです。

もし創業者たちが「コンテンツのクオリティを上げる」という問題に対する解決策を考えていたら、既存のメディアを改善するサービス止まりになってしまっていたかもしれません。

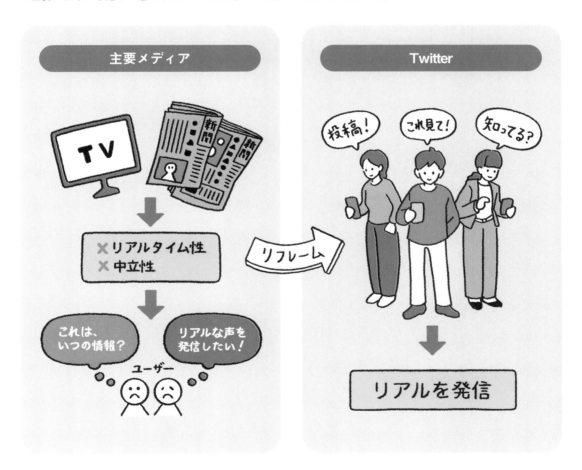

ユーザー理解の本質

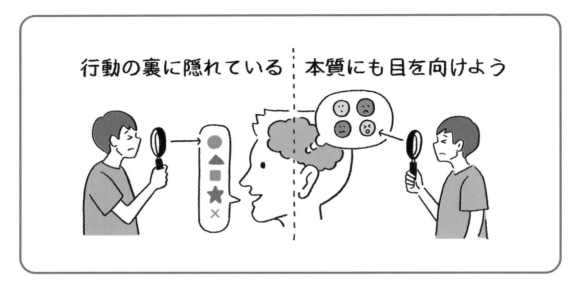

行動の裏に隠れている ｜ 本質にも目を向けよう

ユーザー理解の本質とは

ユーザー理解とは、ユーザーの御用聞きになることではありません。ユーザー理解で本質的に重要なのは、彼らの発言の裏に隠れている「なぜ」に注目し、「考えていること」や「感じていること」まで深掘りして、彼らに共感することです。

そもそも人間は、行動経済学の権威であるダニエル・カーネマンが「損失回避の法則」で解説したように、不合理な生き物です。たとえば、以下の質問について考えてみましょう。

> 目の前に、2つの選択肢が提示されました。
> A：100万円が無条件で手に入る

> B：コインを投げ、表が出たら200万円が手に入るが、裏が出たら何も手に入らない

どちらも手に入る金額の期待値は100万円です。にもかかわらず、堅実なAを選ぶ人の方が圧倒的に多いとされています（パターン1）。

では、200万円の負債を抱えている状態で以下の質問をされたらどうでしょうか。

> 目の前に、2つの選択肢が提示されました。
> A：無条件で負債が100万円減額され、負債総額が100万円となる
> B：コインを投げ、表が出たら支払いが全額免除されるが、裏が出たら負債総額は変わらない

　この場合も、両者の期待値は 100 万円です。しかし、最初の質問で A を選んだ人のほとんどが、この質問では B を選ぶと実証されています（パターン 2）

　これらの実験が意味するのは、人間は利益を目前にすると利益が手に入らないリスクを避けようとする一方、損失を目前にすると損失そのものを回避しようとする傾向があるということです。

　このように人間の行動は不合理です。より正確に言えば「人間は、『経済的な合理性』と『心理的な合理性』が一致しない（ことがある）生き物」なのです。人間の発言と行動は、さまざまな要因に左右されます。

　それゆえ、ユーザーが自分のニーズをうまく言語化できていないことも珍しくはありません。彼らが「欲しい」と言ったものが、"本当に"欲しいものとは限らないのです。

　だからこそ、ユーザーたちが、発言や行動の奥・裏では「何を考えていそうか」「何を感じていそうか」を理解するつもりでリサーチをすることが重要なのです。発言を慎重に受け止め、深い理解をもって見極めていくのです。

　サービスデザインにおいても同様に、発言や行動を分けて考えるのではなく、すべてを立体的に捉えた上で、その人がどんな感情を抱いているのかを考える必要があるのです。

必要なのは「リサーチ」の先で抱く「共感」

　ユーザーのリサーチはもちろん重要です。しかし、それだけでは、「ユーザーを理解した」とは言えません。リサーチによって得られたことを深掘りし、ユーザーと同じ感情を共有できてはじめて、ユーザーを理解できたと言えるのです。

　そして、ユーザーを理解しているからこそ、ユーザー自身も気付いていない潜在的な問題にアプローチできます。さらに、潜在的な問題にアプローチできているからこそ、実際に使われる機能、使わざるを得ない機能を実装できるのです。

　ユーザーの発言を愚直に受け取めるのではなく、その発言の背景や感情など、さらに深い本質的なニーズを探る意識が大切です。

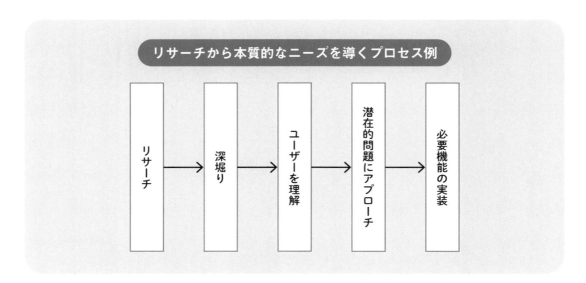

リサーチから本質的なニーズを導くプロセス例

リサーチ → 深堀り → ユーザーを理解 → 潜在的問題にアプローチ → 必要機能の実装

内向的思考

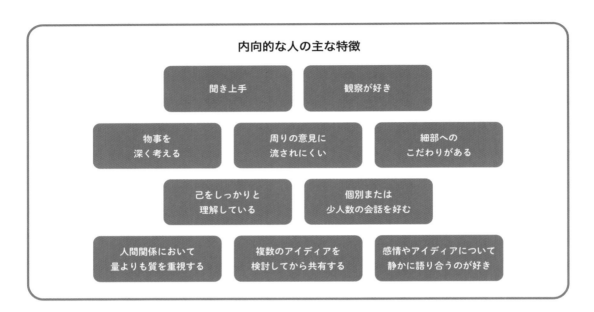

内向的な人の主な特徴

- 聞き上手
- 観察が好き
- 物事を深く考える
- 周りの意見に流されにくい
- 細部へのこだわりがある
- 己をしっかりと理解している
- 個別または少人数の会話を好む
- 人間関係において量よりも質を重視する
- 複数のアイディアを検討してから共有する
- 感情やアイディアについて静かに語り合うのが好き

内向的思考と外交的思考

前述のように、デザイナーの仕事にはコミュニケーションが大きな割合を占めています。そのため、デザイナーには外向的な人が向いていると考える人も多いでしょう。外交的な人は陽気でコミュニケーション上手、内向的な人は内気でコミュニケーションが少々苦手と思われがちです。では、デザイナーには外交的な姿勢や思考が必要なのでしょうか。

いいえ、必ずしもそのようなことはありません。そもそも人は誰しも、内向的な側面と外向的な側面の双方を有しており、「内向的か外向的か」を決めているのは、その強さです。人の性格が「外向性」「協調性」「誠実性」「神経症傾向」「開放性」という5つの因子の組み合わせで成り立っているとする「ビッグファイブ理論」でも、外向性、内向性の判断を、その有無ではなく、その傾向の強さで定義しています。

内向的な人と外向的な人の本当の違いは、興味や視点の置き方にあり、下記のように定義づけられます。

- ・内向的な人：内面的な精神的活動に視点を置く傾向のある人
- ・外向的な人：外部の対象への興味が強く、外部の世界に視点を置く傾向のある人

このように、「内向的であるか、外向的であるか」と「コミュニケーションが得意か、不得意か」は直接の関係はないのです。

内向的思考の強み

　実は、内向的思考は、デザイナーにとって必須の思考法です。具体的に内向的なタイプの人のどのような特性がデザイナーに向いているのでしょうか。

　内向的な人は、「聞き上手」「観察が好き」「物事を深く考える」「周りの意見に流されにくい」「細部へのこだわりがある」「己をしっかりと理解している」「個別または少人数の会話を好む」「人間関係において量よりも質を重視する」「複数のアイディアを検討してから共有する」「感情やアイディアについて静かに語り合うのが好き」といった特性を持っています。

　こうした特性を持つ人は、少人数で行われるデザイン制作において、深い洞察によって社内外の人と関係を構築し、インサイトの深堀りによって多角的に意見を検討できます。そのため、ユーザーリサーチやユーザー理解の領域だけでなく、人間関係の構築や俯瞰的な意見の検討において強みを発揮できるのです。

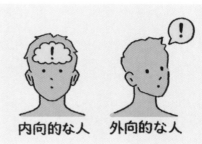

内向的な人　　外向的な人

内向的な人がデザイナーに向いている4つの理由

1 デザイン制作は少人数で行われることが多い

・ワークショップなどを除き、デザインプロセスの多くは、少人数で行われる
・内向的な人は人間関係により注意を向ける傾向があり、少人数での交流からより多くの情報を得られるため、少ない人数でのコミュニケーションは内向的な人に有利に働く

2 デザインリサーチャー適性が高い

・聞き上手が多く、観察力に優れているため、リサーチャーとしての適性が高いケースが多い
・自分が目立つことを好まないため、自然とユーザーを主役として捉えやすくなる

3 深い洞察により、関係構築力に長けている

・人間関係においては狭くとも深い関係を築く傾向が高い
・社内外の人たちへの深い洞察力が武器となり、チーム全体の調整にも向いている

4 インサイトの深堀りが得意で、多角的な意見を検討できる

・フィードバックを注意深く複数の角度から捉えるため、最適な解決策を見つけ出せる可能性が高まる
・ステークホルダーの要求を理解して、「なぜ」そうするべきかを明確にするため、全体を見据えてデザインを検討する傾向がある

デザイン経営の企業事例：Airbnb

デザイン経営を実践することで成功した企業に、世界最大手の民泊仲介サービスである Airbnb があります。世界191カ国以上で利用されている Airbnb 上では、ユーザーは宿泊施設や刊行体験を手配したり、賃貸物件をリストアップしたりすることができます。

Airbnb のビジネスが成功したのは、経営にデザインの思考法を導入したことが大きな要因であったと考えられます。

では、具体的にどのようにデザイン経営を実践したのでしょう。

1 経営者のデザインに対する深い理解

Airbnb の共同創設者であるブライアン・チェスキーは、「ロードアイランド・スクール・オブ・デザイン（RISD）」においてグラフィックデザインを学んでいます。彼のデザインに対する知見は深く、デザインがビジネスに与える影響やデザインの価値を十分に理解しています。

Airbnb では、デザインがビジネス戦略の一部として必要不可欠であると認識しています。すなわち、顧客のニーズを理解し、サービスを改善する上でデザインを活用しているのです。

2 ユーザー体験の質の向上を何よりも重視

Airbnb では特に、ユーザーが宿泊施設を簡単に検索し、予約できるように、使いやすいインターフェイスの提供に注力しています。そのために、短い期間でプロトタイプを作成し、ユーザーに使ってもらうことでフィードバックを得て、フィードバックに基づいてインターフェイスの改善に取り組んでいるのです。

具体的には、プロトタイプを活用して、ユーザーリサーチや A/B テストなどを実施します。そして、こうして得られたユーザーの声に基づいて、ユーザー体験の質を向上しているのです。

3 デザインチームの強化

プロダクトやサービス、ひいてはビジネスを成功させる上では、デザインの力を十分に活用する必要があります。そこで重要になるのが、デザイナーチーム内の連携だけでなく、デザインチームと、エンジニア、マーケティング、セールスなどのスタッフとの連携です。

Airbnb のデザインチームは、同社のビジョンやミッションに基づいてサービスを設計し、それを関係者全員と共有しています。デザインチームが他のチームと意見を交換することで、より良いサービスを開発できるのです。

2章

ユーザーに共感する・
問いを立てる

2-1　デザイン思考：共感・理解

2-2　ユーザーの潜在ニーズの掘り起こし

2-3　エンパシーマップの活用

2-4　デザイン思考：課題の定義

2-5　ペルソナの作成

2-6　カスタマージャーニーマップの作成

2-7　カスタマージャーニーマップの活用

2-8　操作性ハードル：心理的ハードル①

2-9　認知的ハードル：心理的ハードル②

2-10　感情的ハードル：心理的ハードル③

コラム②　認知的ハードルの企業事例：メルカリ

デザイン思考：共感・理解

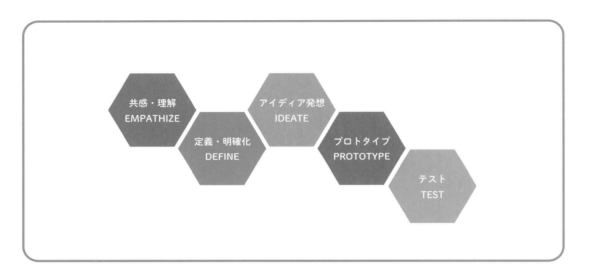

デザイン思考における「共感・理解」

デザイン思考における「共感・理解」とは、プロダクトやサービスのユーザーを理解し、ユーザーへの共感を経て、彼らの「潜在的なニーズ」を掘り起こすプロセスです。

ここで言う潜在的なニーズとは、言葉の通りに「ユーザー自身が気づいていないものの、実は存在しているユーザーのニーズ」です。

プロダクトやサービスを開発する上で前提となるのは、ユーザーの存在です。ユーザーの視点、感じた印象や行動を深く理解しなければ、ユーザーの課題は解決できません。

ユーザーに共感を抱き、共感を通じて我がことのように感じながら理解するプロセスによって、ユーザーへの理解が深まるのです。

ユーザーに「共感」するには

共感では、ユーザーと対話し、観察し、課題を明らかにします。自らが彼らの立場に立つことで、彼らの経験や深層心理に共感するためです。

ただし、「共感」から入るスタイルは非常にパーソナルです。ともすれば、非合理で抽象的で役に立たないと感じられるかもしれません。

たしかに、ユーザーの気持ちや感性を脳内で言語化することなく捉えれば、抽象的にしか理解できないでしょう。しかし、それを頭の中で整理しながら言語化すれば、ユーザーに対する共感が深まっていくはずです。

ここでは、ユーザーにより深く共感し、得た感情に向き合いながら言語化するトレーニングとして、「感情を書き残す」「会話に沈黙を取り入れる」「自らを異なる環境に身を置く」の3つを紹介しましょう。

感情を書き残す

Journal

「感情を書き残す」では、その日考えたことや感じたことを書き残す。その際、自分の喜怒哀楽を生み出したできごとととともに表現するとよい。実体験に基づく感情を、自らのボキャブラリーとして取り入れることで、表現方法が増えるだろう。それにより、相手の感情もより的確に理解、表現できるようになる

会話に沈黙を取り入れる

Pause

「会話に沈黙を取り入れる」では、文字通り、会話のなかに意識的に沈黙を取り入れる。会話に間を置くことには、自分の感情の変化だけでなく、相手の感情の変化にも気が付きやすくなるという効果がある。また、会話中に適度に間を置くことには、会話中に生じがちなバイアスを回避する効果もあるだろう

自らを異なる環境に身を置く

Increase your contact with "outsiders"

「自らを異なる環境に身を置く」では、異なる文化や生活環境で過ごす。新しい体験からは、自分の想像がつねに正しい訳ではないことを学べるだろう。また、「答えを決めつけない」「思い込みで判断しない」という一次体験の大切さを理解し、同時に自らと異なるものに対する想像力が鍛えられる

ユーザーを「理解」するには

相手と同じ感情を抱くことができたら、ユーザー自身とユーザーの行動をもう少し具体的に想像してみましょう。その際には、よくある年齢や性別や年収といった属性だけではなく、「どのような動機・理由や場面で、いつプロダクトやサービスを使うのか」を考えます。その上で、潜在的なニーズを掘り起こすのです。

Who will use it?
(誰がプロダクトやサービスを使うのか)

Why will they use it?
(どのような動機・理由でプロダクトやサービスを使うのか)

Where will they use it?
(どのような場面でプロダクトやサービスを使うのか)

When will they use it?
(いつプロダクトやサービスを使うのか)

ユーザーの潜在ニーズの掘り起こし

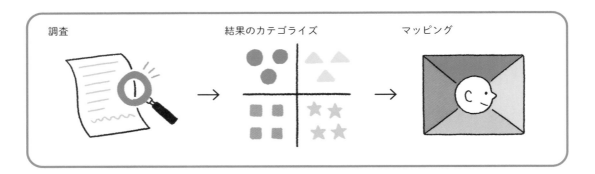

調査　　　　　結果のカテゴライズ　　　　マッピング

ユーザーの潜在的なニーズを掘り起こし、そこから有用な情報を得るプロセスは通常、「1. 調査」→「2. 結果のカテゴライズ」→「3. マッピング」という流れで進められます。つまり、1 で情報を収集し、2 で情報を分析し、3 で得られた情報を統合するのです。それぞれをどのように進めるのか、見ていきましょう。

1 調査：情報を収集する

情報の収集では、ユーザーの潜在ニーズを調査します。具体的には、「自分で体験する」「ユーザーを観察する」「ユーザーに直接聞く」ことで、ユーザーの潜在ニーズに関する情報を収集します。これにより、「どのような動機や理由でプロダクトやサービスを使うのか」というロジックが見えてくるからです。

かつて、フォード・モーターの創設者であるヘンリ・フォードは、「ユーザーに何が欲しいかを聞いていたら、おそらく我々の会社は速い馬を作っていただろう」と発言したと言われます。自動車がなかった時代、普段馬車に乗っている人に「何がほしいか」と質問すれば、「速い馬がほしい」と答えるでしょう。つまり、彼らが想像できる範囲での答えしか返ってこないのです。

革新的なものを作りたければ、「速い馬がほしい」という表面的な需要ではなく、「早く移動したい」のような潜在的な需要を見抜く必要があります。

デザイン思考をうまく使い、潜在的なニーズを見抜ければ、既存の発想にしばられずに、自動車のようなものを発想することも可能です。

「自分で体験する」「ユーザーを観察する」「ユーザーに直接聞く（この場合の「直接聞く」は、質問をするということではなく引き出すニュアンスが強い）」ことで、ユーザーが「どのような動機や理由でプロダクトやサービスを使うのか」を理解できます。

これにより、ユーザーが本当にほしいプロダクトやサービスを開発できるのです。

ユーザーの潜在ニーズの調査

自分で体験する
Immerse

ふだん気になっていることや問題を実際に体験してみる。過去には、病院の職員が自ら患者として診察を体験して、診察スペースを改善した事例もある。患者の立場を身をもって体験したことで、「長い間待たされるので退屈である」「待っている間不安になる」といった問題が浮き彫りとなり、その結果、「待ち時間に見れるようにテレビを設置する」「すぐに医師と話せるようにする」といった改善が行われた

ユーザーを観察する
Observe

ユーザーが実際にどのような生活をしているかを観察してみる。たとえば、1つのプロダクトやサービスを使用しているユーザーをリアルタイムで観察してみる。そうすることで、どのような場面でユーザーがどのように反応をしているのかが明らかになる。こうしたユーザーの反応を理解することは、ユーザーの潜在ニーズを発見したり、観察者がユーザーの感情に共感したりする上では役に立つ

ユーザーに直接聞く
Engage

ユーザーを見つけて直接話を聞いてみる。たとえば、1つのプロダクトやサービスを日常的に使用しているユーザーを探し、どのように使っているか、何か不満を感じている点はないかなどについて会話をしてみよう。ユーザーと会話するにあたっては、情報を整理しやすいように、ユーザーが口に出したキーワードや話のロジック、感情などを記録しておこう。これが情報を分析する上で役に立つ

2 結果のカテゴライズ：情報を分析する

次に、得られた情報を分析するため、ダイアグラムで情報を整理します。

ダイアグラムでは、情報を「実際にユーザーが言っていた言葉（Quotes & Defining Words）」「論理的なユーザーの考え（Thoughts & Beliefs）」「ユーザーの行為や行動パターン（Actions & Behaviors）」「ユーザーの感覚や感情（Feelings & Emotions）」にカテゴライズします。

これにより、新しい発想を生むヒントを見つけるきっかけとなる可能性があるためです。発言と行動に矛盾がある場合は、ユーザーは不本意だと思いながらながらも、その行動を取っているのかもしれません。

それは、ユーザーの潜在ニーズを見つけるチャンスとなります。

情報のカテゴライズ

実際に ユーザーが 言っていた言葉	論理的な ユーザーの考え
ユーザーの 感覚や感情	ユーザーの 行為や行動の パターン

3 マッピング：情報を統合する

　情報の統合では、ダイアグラムからユーザーを起点とした「エンパシーマップ（共感マップ）」を作成します。エンパシーマップでは、ユーザーがふだん「見ている」「聞いている」「考えている」「行動している」ことを書き出して情報を整理します。

　エンパシーマップの作成では、まずユーザーが「①誰か、②何をしたいか」という共感対象のゴールを記入します。

　次に、ユーザーが「③何を見ているか、④何と言っているか、⑤何をやっているか、⑥何を聞いているか」という共感対象の行動を記入します。

　最後に、ユーザーが「⑦何に、恐れやフラストレーションや不安を感じるか、⑧何に、望みやニーズや夢を感じるか」というペイン、ゲインを記入します。

　その上で、ユーザーの課題に関する仮説を立て、ユーザーが求めていることの定義へとつなげていくのです。

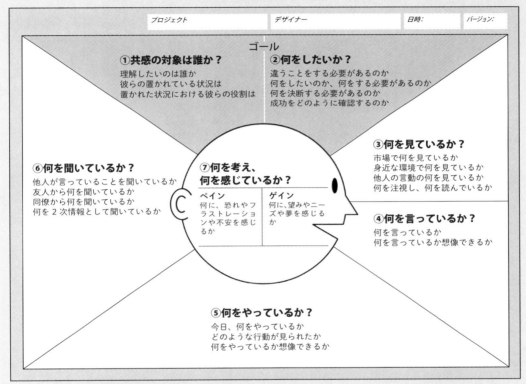

エンパシーマップ

| プロジェクト | デザイナー | 日時: | バージョン: |

ゴール

①共感の対象は誰か？
理解したいのは誰か
彼らの置かれている状況は
置かれた状況における彼らの役割は

②何をしたいか？
違うことをする必要があるのか
何をしたいのか、何をする必要があるのか
何を決断する必要があるのか
成功をどのように確認するのか

③何を見ているか？
市場で何を見ているか
身近な環境で何を見ているか
他人の言動の何を見ているか
何を注視し、何を読んでいるか

⑥何を聞いているか？
他人が言っていることを聞いているか
友人から何を聞いているか
同僚から何を聞いているか
何を 2 次情報として聞いているか

⑦何を考え、何を感じているか？

ペイン
何に、恐れやフラストレーションや不安を感じるか

ゲイン
何に、望みやニーズや夢を感じるか

④何を言っているか？
何を言っているか
何を言っているか想像できるか

⑤何をやっているか？
今日、何をやっているか
どのような行動が見られたか
何をやっているか想像できるか

出典：「"Updated Empathy Map Canvas" by Dave Gray」
https://medium.com/@davegray/updated-empathy-map-canvas-46df22df3c8a

ダイアグラム・エンパシーマップ作成のコツ　TIPS

　ダイアグラムや共感マップを作成するプロセスでは、思いついたことを付箋に書き出して貼っていくのもオススメです。思考が視覚化されることで、話し合うべきことがクリアになり議論を進めやすくなります。

　また、自分の持っていない視点が他者から得られるというメリットもあります。オンラインでのコラボレーションが増えた最近、Miro や Figma のようなオンラインツールを活用していくのもよいでしょう。

エンパシーマップの活用

エンパシーマップ活用のポイント

前述のように、エンパシーマップでは、ユーザーがふだん「見ている」「聞いている」「考えている」「行動している」ことを書き出して情報を整理します。このエンパシーマップを活用して、ユーザーに共感し、ユーザーの潜在的なニーズを理解する上では、いくつかのポイントがあります。すなわち、「1.『1 ペルソナにつき 1 エンパシーマップ』の原則を守る」「2. ユーザーの『生の声』から情報を収集して記載する」「3. 複数名のグループで作成する」の 3 つです。

以下で簡単に解説しましょう。

1 「1ペルソナにつき1エンパシーマップ」の原則を守る

エンパシーマップは、特定のペルソナに対応する形で作成する必要があります。ペルソナが複数あれば、それぞれが感じることやそれによって引き起こされる行動も違ったものになるためです。

2 ユーザーの「生の声」から情報を収集して記載する

「2-2　ユーザーの潜在ニーズの掘り起こし」でも触れましたが、メディアなどの情報から推測するのではなく、ユーザーの「生の声」から情報を収集する必要があります。こうすることによりユーザーで深く共感し、またその共感は情報を整理する手段として使用されるのです。

3 複数名のグループで作成する

共感マップで書き出す情報の多くは「感情」です。感情は極めて主観的なため、1 人で書き出せば偏りが生じることも避けられません。

そのため、少しでも多角的に整理できるように、少なくとも 3 名以上のグループで意見を出し合いながら作成するとよいでしょう。

エンパシーマップ活用で陥りがちな失敗は

エンパシーマップを活用して、ユーザーの潜在ニーズを明らかにする時、人はしばしば誤った思考に陥りがちです。すなわち、「1.『フレームワーク』を用いれば、デザイン思考は実践できる」「2. アイディアを形にすることが目的になる」の 2 つです。

以下で簡単に説明します。

1 「フレームワーク」を用いれば、デザイン思考は実践できる

デザイン思考の入り口は「共感」です。メディアなどを通じて得られた情報のみでマップを埋めると本当の共感にまで至らず、潜在的なニーズを掴むことが難しくなります。

エンパシーマップを使えば、自然とアイディアが湧くわけではありません。あくまでも、共感のためのプロセスであること、本質的な課題を定義することに留意してください。

2 アイディアを形にすることが目的になる

ワークショップにおいても、こうした失敗は数多く見られます。具体的なプロダクトやサービスに落とし込むことに重点に置くと、よくあるアイディアに引っ張られてしまいがちです。重要なのは、本質的な問題に目を向けることなのです。

「本質的な課題を見つける瞬間は、『ユーザーとの対話の後』であることが多い」ことにも留意しましょう。ユーザーとの対話では、相手の仕草や声のトーン、身なりなどからも情報が得られます。より深い共感が得られたと

きに、しばしばユーザーの潜在ニーズが見つかるのです。

また「ユーザーに会いに行く前に完璧に準備しよう」「議論がまだ道半ばだから、ユーザーとの接触を先延ばしにしよう」といった意識はユーザーとの接触機会を減らします。

ユーザー理解から始めなければ、切実な課題なニーズを見つけるのは困難であり、共感や理解はその糸口です。プロジェクトが行き詰まったら、潔く「共感・理解」のプロセスまで戻って考えるのも手です。

エンパシーマップ

デザイン思考：課題定義

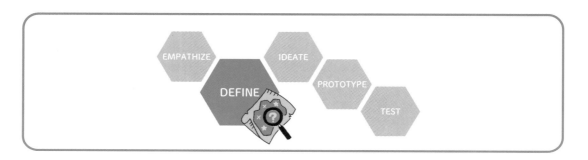

デザイン思考における課題定義とは

情報を収集、分析、統合したら、ユーザーの課題についての仮説を立て、ユーザーが求めていることを定義します。

ユーザーは時に、自分自身の本質的なニーズに気づいていません。誰のどのようなニーズと向き合うかを明確に言語化することで、デザイン思考の後工程を進めやすくなります。逆に、定義が曖昧だと、何度も課題を定義し直すことになってしまいます。

1 「POV＝着眼点」を明確にする

「POV ＝着眼点（Point of View）」とは、「誰がどのような視点で課題を感じているか」を言語化したものです。POV は通常、「インサイト＋事実」の形で示されます。POV を明確にする上では、以下の問いにおける［ ］内を埋めていくのが有効です。

1. ［状況］に置かれた［ユーザー］は、
2. ［行動］をしている or する必要がある。
3. なぜなら［タテマエ］だからだ。
4. とはいえ、本当は［インサイト］である。

出典：「タテマエメソッド」（東京工業大学エンジニアリングデザインプロジェクト）

2 「HMW＝どうすれば○○できるか」でまとめる

「HMW ＝どうすれば○○できるか（How might we）」とは、2010 年頃に世界的デザインファームである IDEO が使い始めた「解くべき問題を定義する方法」です。HMW は現在、世界中の多くのデザインファームやデザイン教育機関で使われています。

HMW において、「どうすれば○○できるか」という

質問はブレインストーミングを開始するときに発せられ、アイディアを生み出す種として機能します。良いアイディアを生み出すには、ある程度制限する必要があります。「どうすれば○○できるか」は無限に出てくる考えにあえて制限を設けて、アイディアを創出する役割を担っているのです。

POVとHMWの使い方

では次に、POV と HMW の使い方を具体例とともに見ていきましょう。「POV ＝着眼点」は「宿題をしている小学生の A くんは、大人向けの本を読む必要があるが、本を読むのが面倒」と設定しました。

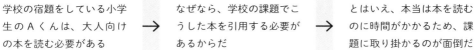

| 学校の宿題をしている小学生の A くんは、大人向けの本を読む必要がある | → | なぜなら、学校の課題でこうした本を引用する必要があるからだ | → | とはいえ、本当は本を読むのに時間がかかるため、課題に取り掛かるのが面倒だ |

この場合、A くんが抱えている課題は、「難しい本を読むことに抵抗がある」「本を読むのに時間がかかる」「課題に取り掛かるのが面倒だ」などです。

A くんの課題に対する「HMW ＝解くべき問題を定義する方法」は、以下のようにさまざまなパターンが考えられます。

良いところを伸ばす	どうしたら、A くんが大人向けの本を楽しく読むきっかけを作れるか
悪いところをなくす	どうしたら、A くんが大人向けの本を読む抵抗を減らせるか
ひっくり返す	どうしたら、A くんが大人向けの本に興味を持つきっかけを提供できるか
前提を問い直す	どうしたら、A くんにとって学校の課題自体を退屈でなくすことができるか
形容詞を変える	どうしたら、A くんにとって学校の課題をワクワクさせるものに変えられるか
ほかのリソースを検討する	どうしたら、A くんが大人向けの本を読む以外の手段で課題を終えられるか
ニーズやコンテキストから連想する	どうしたら、A くんにとって退屈な学校の課題をゲームのようにできるか
課題に対する着眼点を遊ぶ	どうしたら、A くんが大人向けの本を読むことに抵抗を感じずに、学校の課題を簡単に終わらせる方法を見つけられるか
現状を変える	どうしたら、A くんが大人向けの本を読みたくなるようにできるか
POV を小さく分割する	どうしたら、A くんに大人向けの本を読んでもらえるか どうしたら、A くんに楽しく課題に取り込んでもらうことができるか どうしたら、A くんが簡単に課題を終わらせることができるか

HMW、すなわち「どうすれば○○できるか」という問いを投げかけるのは課題を解決する上で非常に大事なステップです。

HMW を利用することで、あらかじめチーム内での意思統一が可能になり、具体的な解決に入る際にアイディアの方向性がズレることを防げるのです。

ペルソナの作成

デザイン太郎

基本情報
35歳・男性
大手家電メーカー勤務
妻と子供と都内在住

趣味嗜好・行動スタイル
トレンドには敏感でSNSをこまめにチェックしている。オンラインで買い物をすることも多いが、事前に市場価格をリサーチする。自分で自由に使えるお金には制限がある

SNS利用
X(旧Twitter)
Instagram
Facebook

ペイン
体に良いお茶を飲みたいが、種類がたくさんあって違いがわからない

ゲイン
種類による作用の違いを知りたい

価値観・思考
ちょっとずつ健康を気にし始める。年齢よりも若く見られたい（おじさんグループに括られたくない）

デザインにおけるペルソナとは

デザインはつねに「誰かのため」に行われます。しかし実際のプロジェクトでは、「誰か」が明確に見えていない段階で企画を進めなくてはならないことも少なくありません。そのようなときには、チーム内の共通認識としての「誰か」として、ペルソナが役に立ちます。年齢や職業、性格やライフスタイルなどを含めてペルソナの人物像を作成することで、ユーザーの視点を理解しやすくなり、問題や課題を発見しやすくなるのです。

また、ペルソナのニーズを洗い出して整理したものは、チーム内での指標となり、プロダクトやサービスのリリース前はもちろん、ユーザーテストの実施時、プロダクトやサービスの改修時にも利用できます。

1 チーム内での理解を深める

ペルソナは、デザイナーやエンジニア、マーケターなどのチームメンバーがユーザー像を理解するための共通言語です。ペルソナを作成することで指標が生まれ連携を取りやすくするため、中長期的に渡ってプロジェクトを進めやすくなります。

2 ニーズや行動を想像、整理する

ペルソナは、ユーザー像を具体化しているため、ニーズや行動を推測する助けとなります。デザインや戦略のアプローチを具体的に考えやすくするのです。

3 改善点を把握する

ペルソナは、実際のデータに基づいてユーザーのニーズや行動が整理されているため、情報の振り返りに役立ちます。特にプロダクトやサービスの改善時には、ユーザーのリアルな声を反映したデザインやコンテンツの作成につながります。

ペルソナを定義する手順

ペルソナの定義は通常、「1. 調査 → 2. 情報整理 → 3. ペルソナの定義」という流れで進められます。

調査では、できるだけ丁寧にデモグラフィック属性（年齢、性別、職業など）、サイコグラフィック属性（趣味趣向、価値観、欲望、ライフスタイルなど）、ビヘイビア属性（利用頻度、利用目的など）を調べます。よく行われる調査方法には、ユーザーインタビューやアンケート、フィールドリサーチがあります。

次の情報整理では、収集した情報を特徴や傾向ごとに整理し、ペルソナの目的やゴール、情報の一貫性と信頼性などに応じて優先順位を付けて、ペルソナに反映するべき情報を絞り込みます。

ペルソナの目的やゴールについては、ペルソナの目標やニーズに直接関連する情報を優先的に選択してペルソナに反映します。ユーザーの主要なゴールや課題を特定し、それに対応するための情報を選択するのです。一方、情報の一貫性と信頼性については、収集した情報の中から、共通の特徴や傾向を見つけ、優先的にペルソナに反映します。

ペルソナの運用では、「名前、顔写真、年齢、性別、職業、家族構成などの社会的な情報」「趣味趣向、ライフスタイルのような行動に関する情報」「価値観、思考、欲望など個人の意識に関する情報」を肉付けすることで、ユーザーを代表する人物像を描きます。

このようにペルソナの運用では、実際の情報を反映しつつ、さらにテストやインタビューの際に得られた情報も付与したり、時には不要な情報を削除したりしながら更新していくのです。

マーケティングとデザインにおけるペルソナの違い　TIPS

	マーケティング	デザイン
1. 作成の目的	商品やサービスを利用するユーザー層の特徴や嗜好を把握する。ペルソナに合わせた訴求やプロモーションのために作成するので、活用の際に価値を発揮する	作成する過程で、ペルソナに対して「共感」し、「理解」を深める。チームメンバーがペルソナに対して「共感・理解」することが目的であり、ペルソナを定義するプロセスに最も価値がある
2. 利用のタイミング	商品やサービスの企画段階やマーケティング戦略の策定段階	サービスアイディアの発散から収束、具体化していく段階
3. 使われる情報	ユーザーの属性、嗜好、ライフスタイル、購買行動などの情報を中心に、具体的な人物像を描いて作成されることが多い	ユーザーの行動、ニーズ、問題点、目標などが中心に、具体的な人物像を描いて作成されることが多い

カスタマージャーニーマップの作成

カスタマージャーニーマップの作成プロセス

　カスタマージャーニーマップとは、プロダクトやサービスを購入・利用する際のプロセスとその時々のユーザーの行動や心理をマップの形でまとめることにより、どのタッチポイントでどのようなコミュニケーションをユーザーに対して取るべきかを整理するマーケティング手法です。

　プロダクトやサービスを使用する際の各タッチポイントにおけるユーザーの心理や感情の起伏、行動理由をカスタマージャーニーマップ上に記入することで、ユーザーの利用体験を俯瞰できます。カスタマージャーニーマップは、プロダクトやサービスの利用体験を顧客視点で設計する上でも役立ちます。

　カスタマージャーニーマップは、開発プロジェクトの一部のプロセスでだけでなく、全プロセスで使いましょう。

　また、カスタマージャーニーマップの情報は繰り返しアップデートして、運用・メンテナンスしていくことが重要です。運用・メンテナンスすることによって、「体験」という見えない価値を、適切に効率よく改善できるだけでなく、チーム内で課題を共有することも可能になります。

　カスタマージャーニーマップは通常、「1. カスタマージャーニーマップを作成する目的の設定」「2. ペルソナの設定」「3. タッチポイントのリスト化」「4. 各タッチポイントでのユーザー心理の記入」「5. 課題の分析」「6. 更新と改善」という流れで作成します。

　右にカスタマージャーニーマップ作成のポイントを紹介します。

1 作成目的とゴール設定は必ず全員の共通認識を形成する

カスタマージャーニーマップを作る上で特に重要なのが、マップの作成目的とゴール設定です。作成目的やゴールによって、マップの枠組みや記載する情報の粒度が異なります。そのため、作成目的と目指すべきゴールを明確にして、チーム内での認識を揃えてから、カスタマージャーニーマップを作成しましょう。

ゴール設定による必要な枠組み変化の例

ゴール		マップに必要な範囲
ユーザーがアプリを認知して ダウンロード後に繰り返し使うこと	▶	年単位
3日間のセールの間にプロダクトを 購入してもらうこと	▶	セール前～セール終了までの 数日～数週間

2 ペルソナのふだんの生活が見えるところまで考える

カスタマージャーニーマップは、プロダクトやサービスを初期の段階から作成する必要があります。そのためには、ペルソナのふだんの生活の様子などもカスタマージャーニーマップに記入しましょう。

3 ユーザーの感情をなるべく細かく具体的に表現する

カスタマージャーニーマップ上にユーザーの感情が記載されていると、「心地良かった」「楽しかった」「便利だった」のような「何がどのように良かったか」が見えてきます。あるいは、「使いにくかった」「内容が理解できなかった」のように、悪い点も見えやすくなるでしょう。

ユーザーの感情を絵に表現してカスタマージャーニーマップ上に記載すると、マップ作成当時の空気感や課題の印象も理解できます。この際、「現実＝As-is」と、ユーザーの求める「理想＝To-be」は明確に分けて記載するとよいでしょう。

カスタマージャーニーマップの活用

カスタマージャーニーマップ活用のポイントは

　前述のように、カスタマージャーニーマップでは、プロダクトやサービスを購入・利用する際のプロセスとその時々のユーザーの行動や心理をマップの形で整理します。このカスタマージャーニーマップを活用して、どの

タッチポイントでどのようなコミュニケーションを取るべきかを理解する上では、いくつかのポイントがあります。すなわち、「1　ユーザーの行動を検証して更新する」「2　多くの人と共同で編集できるようにする」「3　見やすく編集しやすいように作成する」の3つです。以下で簡単に解説しましょう。

1 ユーザーの行動を検証して更新する

　ユーザーの行動を検証してカスタマージャーニーマップを更新することは、カスタマージャーニーマップの運用における最も重要なポイントです。最初に作成したカスタマージャーニーマップ上のペルソナの行動は、多くの場合、マップ作成者の実体験に基づいて記載されます。

そして、想定した行動とユーザーの実際の行動との間にはしばしば大きなギャップがあります。

　想定の行動と実際の行動とのギャップを埋めるためのサイクルを回すことで、どのような行動でギャップが大きいかが明確になります。このようにユーザーの行動を

検証して、検証結果に基づいてカスタマージャーニーマップを更新することでマップの精度が上がります。そして精度の高いマップを活用することで、ユーザーの体験を向上できるのです。

特に、想定した行動とユーザーの実際の行動との間のギャップが大きなタッチポイントにおいて集中的に施策を実施すれば、効率的にユーザーの体験を向上させることが可能になります。

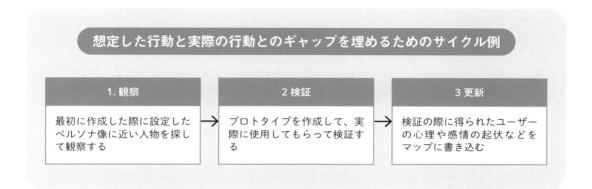

想定した行動と実際の行動とのギャップを埋めるためのサイクル例

1. 観察	2 検証	3 更新
最初に作成した際に設定したペルソナ像に近い人物を探して観察する	プロトタイプを作成して、実際に使用してもらって検証する	検証の際に得られたユーザーの心理や感情の起伏などをマップに書き込む

2 多くの人と共同で編集できるようにする

カスタマージャーニーマップの作成や改善を効率的に進めるには、様々な職種や立場の人を巻き込むことが理想です。1つのタッチポイントを様々な立場の人が見ることで、より多様な課題を想定できるようになり、様々な解決方法を提案できるからです。

一方で、関わる人の数が増えると議論が広がってしまい、収束しづらいという懸念を抱くかもしれません。しかし実際には、多くの人を巻き込むほうが、結果的にユーザーの本質的な課題を見つけられる可能性が上がるのです。

3 見やすく編集しやすいように作成する

カスタマージャーニーマップを運用していると、プロジェクトの途中からマップの更新に携わるようになる人も出てくるでしょう。そのため、マップは見やすさを維持しながら、誰もがフレキシブルに編集できるようにしなくてはなりません。

文字をしっかり読み込まなくても全体像を把握できれば、後からプロジェクトに参加した人も容易に理解できます。理解しやすさは参加しやすさにもつながり、途中から参加した人も意見を出しやすくなるという利点が生じるのです。

また長期間運用する上では、改修前と改修後を比較しながら容易に変更できる環境が必要になります。ホワイトボードや付箋を使えば更新できる場所が限られ、特殊なアプリケーションを使えば更新できる人が限られるかもしれません。そのため、汎用的なオンラインツールを活用しましょう。

オンラインツールの Miro や Figma を使用すれば、誰もがつねに簡単に編集できる環境を実現できます。参加するメンバーと作業する環境に適したツールを活用することが重要なのです。

操作性ハードル：
心理的ハードル①

サービス体験における心理的ハードル

　サービスデザインのゴールの1つは、ユーザーへの使いやすさの提供ですが、実際には、ユーザーが使いにくいと感じるプロダクトやサービスも少なくありません。これが、ユーザー体験における「心理的ハードル」です。心理的ハードルは、ユーザーがプロダクトやサービスを利用するときに「摩擦」を感じる要素なのです。

　心理的ハードルによって、プロダクトやサービスにネガティブな印象を受けたユーザーは、利用をやめてしまうかもしれません。それは企業にとって、期待したビジネスゴールの達成が難しくなる事態につながります。

　心理的ハードルには、「操作性ハードル」「認知的ハードル」「感情的ハードル」の3つがあります。企業は、これらの心理的ハードルを取り除くことで、ユーザーにポジティブな体験を感じさせなくてはなりません。

　ここでは、操作性ハードルとその対処法を紹介しましょう。

操作性ハードルと対処法

　操作性ハードルとは、サービスやプロダクトのUIを操作するときにユーザーが感じる「使いにくさ」に起因するハードルです。「操作方法がわからない」「操作方法に迷う」などが操作性ハードルに該当します。

　操作性ハードルを見つける上で最も有効なのは、ユーザビリティテストの実施です。ユーザビリティテストでは、プロダクトやサービスを実際にユーザーに使ってもらうことで、利用する上での課題を見つけます。

　ユーザビリティテストから得られる、ユーザーと同様の使用体験は、操作性ハードルの発見につながります。また、リリース後にもユーザビリティテストを実施することで、段階的にハードルを下げることも可能です。

　では、具体的にどのような点に注意して、UXデザインを改善するべきでしょう。一般に操作性ハードルを下げるには、右のようなポイントに注意することになります。

操作性ハードルを下げるポイント

1 操作性に一貫性がある

典型例：「戻る」ボタンを左上に、「次へ」ボタンを右上に配置する（レイアウトの一貫性）。ボタンが「押されたとき」「押せない状態のとき」など状態ごとに同じ色や挙動変化にする（色や挙動の一貫性）

2 無理に慣習に逆らわない

典型例：ユーザーの期待通りに反応する

3 操作性が直感的である

典型例：要素や機能が整理されている。スワイプ、タップ、ピンチなどで操作可能で、現在のタスクや状況に基づいて関連操作や情報が提示される

4 親しみやすさを演出する

典型例：絵文字やイラストを挿入し、色使いを工夫する。また、テキストの言葉の選択、言い回しを改善する

5 取るべき行動がわかりやすい

典型例：入力フォームのパスワード設定時に、ただ「エラー」と表示するだけでなく、「大文字、小文字、記号を含めた 8 文字以上」での入力を求める

6 ステップを明示する

典型例：プログレスバーで「全 5 ステップ中、現在 3 ステップ分完了している」こと、「全体のパーセンテージ中、現在 20% 地点まで完了している」ことを示す

7 現在どこにいるか、何をしているかがわかりやすい

典型例：Web サイト上にパンくずリストを表示する

8 ロード時間を減らす

典型例：画面遷移時や操作時の読み込み時間を短縮するため、画像やフォント、その他データ諸々を軽くする

操作性ハードルを下げて大成功したiPhone

メールを確認したり、Web サイトに接続したりできる携帯端末は、iPhone が登場するより前にも存在していました。しかし、iPhone はマルチタッチスクリーン操作とアプリによって操作性ハードルを圧倒的に下げることで、イノベーションを起こしたのです。

iPhone の操作性の高さは、それまでのキーボードボタンと比べて、マルチタッチスクリーン操作とアプリの組み合わせによる、格段に低い操作性ハードルによって実現されています。また、ズームや回転など、それまでになかった操作を取り入れたことで、より直感的なユーザー体験を提供できるようになり、iPhone は携帯端末市場において大成功しました。

認知的ハードル：
心理的ハードル②

認知的ハードル
(Congnitive Hurdle)

認知負荷

認知的ハードルとは

「認知負荷」とも呼ばれる認知的ハードルは、ユーザーがプロダクトやサービスのユーザーインターフェイス（UI）を操作しているときに脳にかかる負荷です。認知負荷が高い状態では、認知的ハードルが高くなり、ユーザーがストレスを感じたり、ミスやエラーを起こしやすくなります。

結果として、プロダクトやサービスの利用体験が悪化し、ユーザーの満足度が低下したり、他に乗り移ったりしてしまう可能性が高まります。結果的に、ユーザーのロイヤリティやビジネスの成果に悪影響を与えかねないのです。

UXデザイナーに求められる役割の1つが、認知的ハードルの最小化と言えるでしょう。

認知的ハードルの見つけ方と対処法

認知的ハードルを理解し、ハードルを下げる上ではカスタマージャーニーマップが役に立ちます。カスタマージャーニーマップを通じて、ユーザー体験のステップ一つひとつを詳細に把握し、何に負担を感じているか、何に時間がかかっているかを理解することで、認知的ハードルが見つかるはずです。

これはある意味、「ビヘイビアデザイン＝人の行動や習慣を構成する3つの要因を活用することで、行動や習慣の変容を促すこと」にも通じるアプローチです（詳しくは「4-4　ビヘイビアデザイン：FBMモデル」を参照）。

認知的ハードルに対処するには、次のような項目を実践するとよいでしょう。

- **ユーザーのニーズと経緯の理解**：ユーザーのニーズや使用状況に基づいてデザインする。ユーザーがどのような目的や経緯でプロダクトやサービスを利用しているのかを把握し、それに合わせて操作性を最適化する
- **シンプルなデザイン**：機能や情報を必要最低限に絞り込み、複雑なデザインや操作を避ける
- **一貫性の確保**：同じ機能や操作は一貫した方法で提供することで、操作をシンプルにする
- **適切なフィードバックの提供**：ユーザーによる操作の結果や視覚的なフィードバックやエラーメッセージを表示し、状況理解を簡潔にする
- **ユーザーテストの実施とフィードバックの収集**：ユーザーテストの実施やフィードバックの収集を通じて、ユーザーがプロダクトやサービスをどのように理解し、操作するのかを把握する。その結果に基づいて、改善や修正を実施する

タクシーに乗る認知的ハードルを下げたUber

「Uber」は現在、アメリカをはじめとして多くの国々で利用されているライドシェアサービスの代表格です。ある意味、タクシーの代替サービスと言える Uber はなぜ、市場を獲得できたのでしょう。

その鍵となったのは、認知的ハードルです。タクシーには実は、「いつ来るかわからない」「誰が来るかわからない」「どのくらい時間がかかるかわからない」「いくら払えばよいか事前にわからない」という認知的ハードルがありました。一方、Uber は、「いつ来るか」「どのくらい時間がかかるか」「いくら払うか」が事前にアプリ上に表示され、ドライバーを指定できます。このように、Uber の乗車体験は、タクシーの乗車に比べて脳にかかる負担をかなり軽減されており、認知的ハードルが低くなっているのです。

これにより、多くの国では、タクシーではなく Uber を利用する人が増えているのです。

	タクシー	Uber
1	・事前の予約：タクシー会社の電話番号を調べる→電話して予約する電話がつながらない場合はかけ直す→車両が空いていなければ他社に電話する or ・道に出て、いつ来るかわからないタクシーを待つ	・アプリを開く ・車両を呼ぶ ・金額が表示される ・いつ到着するかが表示される
2	・車両に乗り、行き先を告げる ・運転手が行き先を調べる	・車両に乗る
3	・目的地に到着して、支払額がわかる ・チップを計算する（海外の場合） ・支払う ・お釣りをもらう	・目的地で車両を降りる （支払いはアプリに紐づくクレジットカードで自動的に完了）
4	・苦情があっても、どこに連絡してよいかわからない	・苦情がある場合はアプリ経由で報告可能

感情的ハードル：
心理的ハードル③

それぞれ異なる感情

数字で表せない

感情的ハードル
（Emotional Hurdle）

感情的ハードルとは

　感情的ハードルとは、ユーザーがプロダクトやサービスを利用するときに直面する感情的な障壁や困難です。感情的ハードルは、ユーザーが感じる不快感、不安、ストレス、混乱、無関心などの感情によって引き起こされます。

　感情的ハードルが生じるのは、ユーザーに認知的に負荷がかかるためです。具体的には、プロダクトやサービスの設計が複雑なとき、ユーザーの期待と異なる挙動を見せたとき、プライバシーやセキュリティに懸念があるとき、エラーに対処するのが困難なときなどがあげられます。

　心理的ハードルの中で感情的ハードルは、最も認識が困難であり、同時に対処するのが難しいとされています。ユーザーによって抱く感情が異なり、人間の感情を数値化することは容易ではないからです。

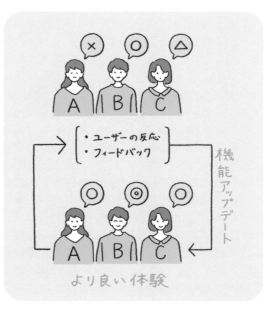

・ユーザーの反応
・フィードバック

機能アップデート

より良い体験

感情的ハードルの見つけ方と対処法

　感情的ハードルを理解し、ハードルを下げる上では、プロトタイプやβ版のリリース後に機能をアップデートする方法が有効です。

　以下のような施策によって、ユーザーの反応やフィードバックを把握して、それをプロダクトやサービスに反映させてアップデートすることで、何が感情的ハードルになっているかを把握し、より良い体験を模索することでハードルを下げていくのです。

- **ユーザー調査の実施**：ユーザーの感情やニーズを理解するために、ユーザー調査を実施する。インタビューやアンケートを通じて、ユーザーの要求や感情についての洞察が得られる
- **ユーザーの感情の共感・理解**：ユーザーの視点に立って考え、彼らのニーズや欲求に対応するデザインを心がける
- **ユーザーのフラストレーションの軽減**：ユーザーがストレスや不満を感じる可能性のある箇所を特定し、改善策を見つける。例えば、複雑な挙動を簡素化したり、わかりやすいエラーメッセージを表示したりすることで、ユーザーのフラストレーションを軽減できる
- **ユーザーテストの実施**：デザインの試作品やプロトタイプをユーザーにテストしてもらい、彼らの感情的な反応を観察する。フィードバックを収集し、問題点を特定して修正することで、ユーザーの満足度を向上させられる
- **マイクロインタラクションの活用**：ユーザーの感情を喚起する小さなインタラクションやアニメーションを取り入れることで、ユーザーエクスペリエンスを向上できる。たとえば、ボタンをクリックしたときの反応や、ローディング中のエフェクトなどである
- **視覚的な要素の活用**：デザインのカラーやフォント、アイコンなどの視覚的な要素は、感情的なつながりを作るために重要である。適切な色やデザイン要素を使用して、ユーザーに好感を与えるデザインを心がける

感情的ハードルを下げたTinder

　従来のマッチングサービスでは、ユーザーは写真以外に年齢や居住地といった個人情報の入力が求められました。個人情報をアプリ上で見ず知らずの相手に見られるため、多くのユーザーは入力を躊躇してしまっていたのです。

　「自分をどう思っているのかわからない相手に連絡する」という行動も、感情的ハードルを上げる要因となっていた筈です。プロフィールを見て、そして、好感を感じた相手に連絡するのが一般的ですが、相手は自分に興味のないことも珍しくありません。そして、好感を抱く相手から連絡が返ってこないと、多くの人が精神的ダメージを受けます。

　Tinderはこのようなネガティブな体験を「写真だけを見て、『いいな』と感じた人を右にスワイプするだけ」という体験の提供で改善させました。自分と相手が互いに右スワイプした場合にのみ、チャット機能が使用可能となり、やりとりを開始できるようにしたのです。

　この体験の優れたところは、やりとりをする相手は自分に興味を持っている状態であるため、最初に連絡をする際の感情的ハードルが低くなるところなのです。

認知的ハードルの企業事例：メルカリ

メルカリが登場する以前、ユーザー同士が物品を売買するC2Cモデルのオークションサービス市場では、ヤフオクが圧倒的なシェアを誇り、ほぼ市場を独占していました。しかし、メルカリは後発企業であるにも関わらず、オークションサービス市場において成功を収めることができました。なぜ、それが可能だったのでしょう。

1 ヤフオクユーザーとメルカリユーザーの行動の差

ヤフオクユーザーの落札行動は、「ほしいものを考える→サイトを開く→欲しいものを検索する→他の出品者が提供する同じ商品と比べる→入札する→定期的に入札状況をチェックする」という流れになります。

一方、メルカリユーザーがメルカリ上で落札するために取る行動は、「スキマ時間にとりあえずアプリを開く→商品を閲覧する→良さげなアイテムを開く→興味があれば購入し、なければパスする→また暇なときにアプリを開く」という流れです。

このように、ヤフオクユーザーの落札行動は「業務のプロセス」のように進むのに対して、メルカリユーザーの落札行動は「趣味のアクティビティ」のように進むのです。

2 オークション体験の認知的ハードルを下げたメルカリ

メルカリがヤフオクとの差別化に成功した理由は、オークション体験における認知的ハードルを下げたことだったと考えられます。ヤフオクユーザーは落札行動の多くが「仕事」に近いと感じ、メルカリユーザーには落札行動の多くが「趣味」に近い感じていると思われるからです。

人にとって、仕事よりも趣味の方が認知的ハードルが低いため、メルカリはオークション体験の認知的ハードルを下げることに成功しています。これにより、メルカリはヤフオクと差別化を図り、ヤフオクでのオークションが面倒であると感じていたユーザーの開拓に成功したのです。

ヤフオクとメルカリの違い

ヤフオク	メルカリ
・欲しいものを考える	・スキマ時間にとりあえずアプリを開く
・サイトを開く	・商品を閲覧する
・欲しいものを検索する	・良さげなアイテムを開く
・同じものを他の出品者と比べる	・興味があれば購入し、なければパス
・入札する	・また暇なときにアプリを開く
・定期的に入札状況をチェックする	

3 章

アイディアを練る・コンセプトを立案する

3-1 デザイン思考：アイディア発想

3-2 ファシリテーション

3-3 ワークショップの考え方

3-4 ワークショップの運営

3-5 デザインスプリント

3-6 リーン、アジャイル、デザイン思考の違い

3-7 デザインと制約

3-8 バリュープロポジションの考え方

3-9 バリュープロポジションキャンバスの使い方

3-10 PSFとPMF

3-11 アフォーダンスとシグニファイア

3-12 MAYA理論

3-13 サービスの3タイプ：ビタミン剤・痛み止め・治療薬

コラム③ デザインスプリントの約束ごと

デザイン思考:アイディア発想

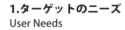

1.ターゲットのニーズ
User Needs

2.流行のサービス
Trending Service Model

3.市場の規模
Market Size

アイディア発想

　デザイン思考における「アイディア発想（Ideate）」とは、ニーズ解決に向けたアイディア出しのプロセスです。アイディア発想は通常、多くのアイディアを発想し、アイディアの選択肢を削り、アイディアを絞り込むという流れで進められます。

　まず多くのアイディアを発想するには、アイディアを出しやすくする必要があります。そのためには、「1.ターゲットのニーズ（User Needs）」「2. 流行のサービス（Trending Service Model）」「3. 市場の規模（Market Size）」をベースに考えるアプローチが有効です。

　また、新規ビジネスのアイディアを出すツールとしては、「ビジネスアイディアのチートシート（Business Idea Cheat Sheet）」が役に立つでしょう。これは現在、サンフランシスコなどで新規事業のアイディアを出すときによく用いられている思考ツールです。

　ビジネスアイディアのチートシートには、表の横軸にUBER や TINDER といった既存のサービスを、縦軸に犬やクリーニングといったサービスの対象を取ります。

ビジネスアイディアのチートシート

	UBER	TINDER	BIRCHBOX	AIRBNB
犬	WAG!	BARRKBUDDY	BARKBBOX	DOGVACAY
食品	POSTMATES	NIBBLY	BLUE APRON	EATWITH
雑草	EAZE	HIGH THERE	POTBOX	BUD AND BREAKFAST
洗濯物	WASHIO			LAUNDROMATCH
駐車場	MONKEY PARKING			SPOT PARK

その上で、表の横軸と縦軸が交差するマスに、縦軸のサービス対象に向けて提供されている横軸の既存サービスと同様のサービスを記入します。つまり、最も左の一番上のマスには、犬を対象としたUBERと同様のビジネスを記述するわけです。

このようにマスを埋めていけば、空欄となっている枠、すなわちサービスが存在しない市場がわかり、新しいビジネスのアイディア出しにつながるのです。

選択肢を削り、アイディアを絞り込む

できるだけ多くのアイディアを発想したら、次はアイディアの選択肢を削り、アイディアを絞り込む段階に入ります。

その際には、以下の表の質問が効果的です。すなわち、「違法性はないか？」「技術的に実現可能か？」「費用的に現実的か？」「市場のニーズに合っているか？」「ユーザーにどのように提供するか？」「類似のアイディアで過去に失敗した人がいるか？」「巨大企業による市場独占の可能性はあるか？」「変革時にもアイディアは有効か？」です。

これらの質問を自ら投げかけることによって、合法性、実現性、採算性、競争優位性などの観点からアイディアを絞り込んでいくのです。

違法性はないか？	サービスが違法なら、潔く切り捨てよう。法律的にグレーな場合には、もちろん検討の余地はある。また地域によっても、合法か否かは変わる。展開先の市場の法律を把握しておくことも重要
技術的に実現可能か？	たとえば、「タイムマシン」「どこでもドア」といったプロダクトやサービスは、実現できれば間違いなくイノベーションを起こす。しかし、現在の技術では実現可能性は限りなく低いだろう
費用面で現実的か？	検討しているアイディアの実現にどのくらい費用がかかるか。それを実現できるほどの出資は確保できるか。必要な資金とその資金源を検討することもアイディアの実現には欠かせない
市場のニーズに合っているか？	「北極で氷を売っても売れない」ということわざがある。そのアイディアが、対象となる市場のニーズを満たしているかについては入念に確認する必要がある
ユーザーにどのように提供するか？	ソフトウェアはダウンロードでの提供が可能だが、ハードウェアは配送方法や関税などの情報を調査し、提供方法を検討する必要がある
類似のアイディアで過去に失敗した人がいるか？	従来は、失敗例があれば、同様のアイディアを避けるのがセオリーだった。しかし現在では、失敗の要因を分析したり、現在の技術やネットワークでの実現可能性を検討したりなど、失敗に学ぶ姿勢が重要
巨大企業による市場独占の可能性はあるか？	参入予定の市場をすでに独占している巨大企業があれば競争は正直困難だ。また、現在は市場に参入していなくても、巨大企業が参入した瞬間に淘汰され得る領域は参入を避けるのが無難だろう
変革時にもアイディアは有効か？	法律が変わったり、新技術が現われたりすると、ビジネスはしばしば変革の必要性に直面する。またビジネスがある程度成功しても、長続きしにくい可能性もある。アイディアが変化に耐え得ること、アイディアに柔軟性があることも確認するべきだ

ファシリテーション

司会者とファシリテーターの違い

「ファシリテーション」には、主にアイディアや意見の共有、発散、収束、決定という機能があります。ここでは、ファシリテーターの基本的な定義や役割を紹介しましょう。

ファシリテーターと聞くと、多くの人は会議やワークショップの「司会者」を想像されるかもしれません。し

かし、司会者とファシリテーターは似て非なるものであり、異なる役割が求められます。

司会者が決められた流れに沿って議論を進行する役割であるのに対して、ファシリテーターは議論の進行を支援する役割を果たします。参加メンバーの発言を促進したり、発言が偏りすぎないように議論を導いたりするのです。また、議論をシンプルにするための問いかけや雰囲気づくりもファシリテーターの役割です。

議論の場を「デザイン」する

　ファシリテーターは、参加者に意見を出してもらい、傾聴し、最終的に収束させて意見やアイディアをまとめて参加者の合意を得ます。そのためには、「会議を準備する」「目的やゴールを設定する」「参加者の前提条件を揃える」ことが必要になります。

　会議の準備では、会議の目的やゴールを設定し、参加者を選定して連絡し、スケジュールを調整して会場を取り、会議の進め方を決めるなど、事前の段取りが重要です。また、目的やゴールの設定では、アイディエーション、意思決定、チームビルディングなど、会議やワークショップの目的やアウトプットなどを明確にして参加者にあらかじめ伝えておきます。それにより、論点のズレや話の手戻りを減らし、議論を円滑に進めるために参加者の前提情報を揃えるのです。

柔軟な調整能力によって遂行する

　ファシリテーションは、やるべきことや手順がはっきりと決まっているわけではありません。参加者一人ひとりの様子、チームの雰囲気、議論の流れに応じて対応しなくてはならないのです。

　そのため、ファシリテーターは、臨機応変な対応ができるようにつねに意識しなくてはなりません。議論や方向性がズレたら戻したり、発言内容を整理したりすることで軌道修正します。中立かつ一歩後ろの立場に立ちつつ、チームが望む方向へと議論を進め、ゴールに至るように能動的に背中を押すのがファシリテーターの役割なのです。

議論においてファシリテーターに求められる動き

1 発言を促す

参加者が意見の衝突を恐れて当たり障りない形で場を終わらせようとすると、会議を行う意義が薄れる。ファシリテーターは参加者が臆することなく自由に発言ができる雰囲気を作る必要がある。そのため、非言語コミュニケーションを含む、広い意味でのコミュニケーション能力が求められるのだ

2 正しく問いを設定する

ファシリテーターは意見を聞きながら議論の進行を促進するが、耳を傾けるだけではなく、問いを投げかけることを心がけよう。注意したいのは、ファシリテーター自身が望む答えに参加者を誘導しないことである。あくまでも参加者の意見を主体にした提案や問いにとどめなくてはならない

3 議論をわかりやすく整理する

参加者の意見が一通り出た後は、発言を論理的に整理しながらまとめていく。発言内容に抜け漏れがないか留意しながら、目的と手段、時系列、属性のように発言を細分化して分類する。参加者全員で話し合うためには視覚化をしながら行うと円滑に進められるだろう

4 意見をまとめる

参加者の意欲が高くても合意形成をうまく取れないことはある。参加者同士の考え方の溝を埋め、合意に至れるかにファシリテーターのコミュニケーション能力や調整力が表れる。その場で決まらないことがあった場合は、決定事項とそうでないことを明確にして参加者と共有する

ワークショップの考え方

ワークショップとは何か

「ワークショップ」とは、参加者同士がコラボレーションしながらさまざまな視点からの意見を出し合うことで、学びや気づきを得る手段です。

ワークショップと会議は混同されがちですが、目的、適用範囲、長さ、手段、事前準備などが異なります。会議の目的がチーム内の情報共有であるのに対して、サービスデザインにおけるワークショップの目的はゴール達成のための意思決定やプロトタイプ作成です。また会議では、多くのトピックを30〜60分程度、浅く広く会話するのに対して、ワークショップでは、特定のトピックを半日〜数日程度、グループディスカッションで深く掘り下げます。

そのため会議ではアジェンダやスライドの作成などが求められるのに対して、ワークショップではプログラムやプレゼンの作成などの事前準備が求められることになります。

	主な目的	適用範囲	長さ	手段	事前準備
会議 （参加者が情報を交換する会話の場）	チーム内の情報共有	多くのトピックを広く浅く	30分から60分程度	会話中心	アジェンダやスライドの作成
ワークショップ （ゴール達成に向けた実践の場）	ゴール達成に向けた意思決定やプロトタイプ作成	特定トピックを狭く深く	半日から数日程度	グループディスカッション中心	プログラムやプレゼン資料の作成、参加者の誘致活動など

ワークショップを実施する上での注意点

ワークショップは一般に、「ワークショップの説明とアイスブレイク」「情報の共有と収集」「アイディアに基づくプロトタイプの作成」「ワークショップ結果の発表（プレゼン）と振り返り」という流れで進められます。

ただし、ワークショップを単に実施すれば、意思決定やプロトタイプ作成といった目的を達成できるわけではありません。達成するべきゴールの設定、適切なプログラムの設計、参加者がフルコミットできる環境の準備のほか、ワークショップに参加するメンバーが「いつもと異なる見方や発想を持つ」「全員の意見を尊重し、他者とコラボレーションする」「完璧な正解は求めない」といった視点を持つとよいでしょう。

| ワークショップの説明とアイスブレイク（簡単なチームビルディング） | 情報の共有や収集 | アイディアに基づくプロトタイプの作成 | ワークショップ結果の発表（プレゼン）と振り返り |

ワークショップの参加メンバー全員が持つべき3つの視点

1 いつもと同じを意識的に変える

ワークショップの実施にあたっては、いつもと「同じ」を意識的に変えてみよう。たとえば、場所を変えればメンバーの思考がリフレッシュされ、情報収集の方法を変えれば出てくる意見が変わり、メンバー構成を変えれば違う化学反応が起こるだろう。また、実際に現場に足を運べば、いつもと異なる情報が得られて、発想が広がるかもしれない。ひねった質問や遊び心のある問いを設定することも、新鮮な視点で物事を考える手助けになるだろう

2 全員の意見を尊重し、コラボレーションする

良いアイディアを出すにはメンバー間の協力が必須となるが、メンバー構成によっては、上下関係や立場が気になって、参加者が率直に発言できないこともある。こうした事態を防止するには、できるだけメンバーがフラットな関係性になれる工夫が必要である。たとえば、開始前にアイスブレイクの時間を設けたり、全員に発言の機会を与えたり、発言はすべて受け入れられると認識させたり、参加者にニックネームをつけて呼び合ったりすることが有効だ

3 完璧な正解は求めない

新しいものを生み出すデザインの議論には、しばしば「正解」が存在しない。そのため、ワークショップでは完璧な正解を求めずに、時に不完全さも認めながら進行することになる。アイディアは、検証するまでそれが正解であるかはわからない。議論が息詰まった時、ファシリテーターは参加者に行動に移すように促そう。アイディアが完全でなくても、ユーザーテストの実施やチーム外の人との対話によって議論の突破口が見つかるケースも少なくない

ワークショップの運営

ワークショップの運営

ワークショップでは、運営が極めて重要になります。ワークショップを円滑で実りあるものにする上では、事前の入念な準備が重要です。

ワークショップは、特定の課題を深く集中的にディスカッションするのに適した手段です。そのため、課題の設定がワークショップの質を左右すると言っても過言ではありません。アジェンダ設定も、ワークショップの成功や参加者の満足度にも大きく関わるため、入念に取り組みましょう。

ワークショップはまた、その目的によって、構成や規模、プログラムやメンバーが大きく異なります。参加者と彼らを取り巻く環境を理解しておくことも求められるでしょう。

その上で、プログラムや参加者だけでなく、実施する空間や必要になる道具までを想定してワークショップをデザインするのです。

このようにワークショップの運営では、「1. 目的の設定」「2. 参加者の確認」「3. 現状整理と課題の再設定」「4. 現状と目指す状態を見据えたアジェンダの設定」「5. 空間の用意」が求められるのです。

1 目的の設定

ワークショップを通じて達成したい目的を設定し、明確に言語化しておくこと。これがワークショップ設計の指針となる

2 参加者の確認

部門などの所属やステークホルダー、それゆえの特徴や課題などをカバーしておくこと。その後の課題設定や運営の役に立つ

3 現状整理と課題の再設定

置かれている現状を把握した上で、ワークショップを通じて解決したい課題とその先のゴールが参加者間にも共有された状態を作ること

4 現状と目指す状態を見据えた アジェンダの設定

テーマ、形式、時間配分を考慮しながら、実際の ワークショップのアジェンダを設定すること。具 体的には、アイスブレイクやグループワーク、ディ スカッションといった形式やその所要時間、それ ぞれのセクションで取り上げるテーマや課題を決 める

5 空間の用意

参加者の人数や部門などに応じて、ワークショッ プを実施する場所や会議室などを決める。テスト やプロトタイプ制作などを行う場合、あらかじめ 必要となる道具を用意しておく。リラックスして 議論するために、お菓子などを用意しておいても よい

オンラインワークショップのデザイン

コロナ禍に日本でも米国でも多くの企業がリモー トワークを導入したことから、「オンラインワーク ショップ」も増えた。オンラインのワークショップ には、参加者が場所を問わずに参加でき、記録や管 理が容易になるというメリットがある。

一方で、オンラインワークショップの開催にあ たっては、参加者のデバイスのスペックやネット ワーク環境の確認が必要になる。

まず、PC などの CPU やメモリ、インターネッ トアクセス状況、作業環境をチェックする。Figma や Miro といったコラボレーションツールは、保存・ 複製の容易さやプロトタイプ制作の手軽さなどから 非常に重宝する。これらを効果的に使うためにも、 事前に参加者が利用可能であるかなどを確認するこ とも重要になる。

また、発言者が限定されがちなオンラインワーク ショップでは、参加者に対して、順番に発言する機 会を与えて、積極的に対話するように促すことが重 要である。アイスブレイクやカジュアルトークなど、 余白を作ることも意識しておくとよいだろう。ワー クショップの質や参加者間のコミュニケーションを 向上させる上では、ワークショップ終了後には学び を共有するためのセッションを設定するのも有効で ある。

オンラインワークショップでファシリテーターおよび参加者間のインタラクションを促す工夫

レクチャーの途中、ワークのレビュー	イントロダクション、休憩中	ワーク終了後
・参加者へのこまめな問いかけ ・回答者をリレー方式で指名	・全員が発言するアイスブレイク ・自由参加の雑談タイム	・1日の学び、質問を Slack へ投稿 →翌日の冒頭の時間、全員で議論・回答

デザインスプリント

デザインスプリントとは

「デザインスプリント」とは、5日間（40時間）に少人数で、アイディアの立案からプロトタイプの作成、顧客によるアイディアの検証までを進めることによって、さまざまなビジネス課題を解決する手法です。デザインスプリントは、グーグルのベンチャーキャピタル部門で

ある Google Ventures（現 GV）によってスタートアップ企業向けに開発されました。

デザインスプリントの主なメリットは、「1. アイディアの立案から顧客体験の検証まで短期間での実施」「2. 意思や評価の迅速な決定と可能性や課題の素早い見える化」「3. 比較的低いコストでの実施と早い段階での軌道修正」が可能なことです。

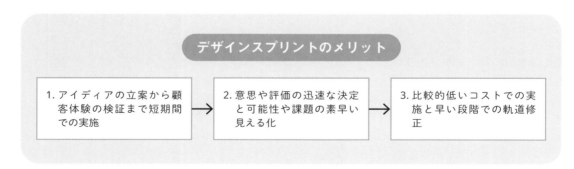

デザインスプリントのメンバーとプロセス

デザインスプリントでは、参加メンバーについて所属部署や役職の制限を設けません。これは、さまざまな視点を持ったメンバーがプロジェクトに参画することで、多様な角度からのアイディアや発想が得られるようにするためです。また、デザインスプリントチーム内で認識を共有することにより、スプリント実施後に組織内で共通認識を形成することも可能になるでしょう。

デザインスプリントには通常、ファシリテーター、デザイナーのほか、プロジェクトマネージャー、エンジニア、マーケター、カスタマーサクセス、セールスなどが参画します。このように、関連部門の担当者が4〜7人程度参加するのが理想的なのです。

デザインスプリントは、「理解→発散→決定→プロトタイプ作成→検証」という流れで進められます。理解ではサービスが解決するべき課題を定義し、発散では課題解決のためのアイディアを創出し、決定ではアイディアを取捨選択し、プロトタイプ作成ではアイディアを具現化し、検証では仮説を検証します。一連のプロセスによって明らかになった課題に基づいて、プロダクトやサービスをさらに改善することになるのです。

プロセス		成果物	目的	やるべきこと
DAY1 理解		ユーザーインタビュー、競合調査、リサーチ、データ分析	サービスが解決するべき課題の定義	ユーザーインタビュー、競合調査、関連リサーチの実施と、その結果の分析
DAY2 発散		アイディア出し/可視化、ストーリーボード	クレイジー8*などを活用した課題解決に向けたアイディアの創出とチームメンバーの共通認識や帰属意識の形成	ストーリーボードを用いて、アイディアを素早く可視化
DAY3 決定		情報整理、ワイヤーフレーム	検証するべきアイディアの取捨選択	ワイヤーフレームやユーザー視点を組み込んだ4象限マトリクスなど活用した、発散フェーズで生じたアイディアの取捨選択と情報の整理とチーム内の認識合わせ
DAY4 プロトタイプ作成		プロトタイプ、インタラクション	アイディアの具現化	アイディアの具現化に向けたプロトタイプの作成とユーザーとのインタラクションによるユーザー体験の理解
DAY5 検証		ユーザーテスト、結果分析、プロトタイプ改善	仮説の検証	ユーザービリティ調査などによるプロダクトやサービスの使いやすさの理解

*クレイジー8：Googleが開発したアイディエーションの方式。課題解決の参考になる情報を集め、1人3分ずつプレゼン→他メンバーのプレゼンを聞いた後、アイデアを「1人で」練り、8つのマスに各1分で記載→各メンバーのソリューションを匿名で批評・検討し、一番良いアイディアを決める

81

リーン、アジャイル、デザイン思考の使い分け

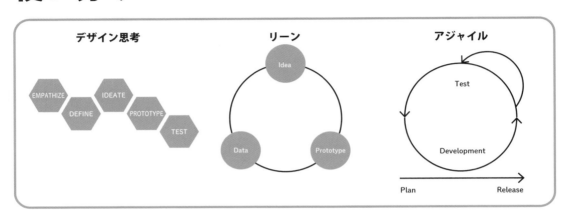

リーン、アジャイル、デザイン思考とは

デザイン思考、リーン、アジャイルはいずれもプロダクトやサービスの開発において使われる考え方です。

デザイン思考とは、発散と収束を繰り返しながら、イノベーティブなアイディアを創出するためのプロセスです。新しいプロダクトやサービスの開発、新規事業の創出などに使われるデザイン思考では、共感・理解、課題定義、アイディエーション、プロトタイプ、ユーザーテストという5つのプロセスを通じてアイディアを創出します（→「はじめに6　デザイン思考」参照）。

一方、リーンとは、トヨタ自動車の「トヨタ生産方式＝生産ラインのムダを徹底的に排除するために確立された生産方式」をベースにマサチューセッツ工科大学

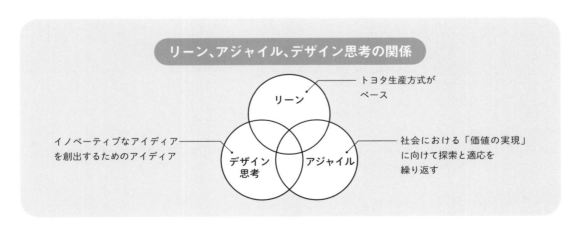

（MIT）が体系化した概念です。リーンでは、顧客目線での価値を最初に定義し、顧客までの「価値の流れ」のムダを取り除くことにより、あらゆる分野の業務プロセスを効率化します。

そしてソフトウェアの開発、新規事業の開発、組織変革など、さまざまな場面で使われるアジャイルは、ビジネスや社会における「価値」の実現に主眼を置き、探索と適応を繰り返すという考え方です。アジャイル共通の価値観や原則が定義された「アジャイルソフトウェア開発宣言」によれば、アジャイルは、課題解決にフォーカスし、課題に対する柔軟な対応を重視することで、プロジェクトの迅速な推進を可能にします。

デザイン思考、リーン、アジャイルの考え方は異なりますが、それぞれが排他的ではありません。互いに、共存し、重なり合う関係なのです。

デザイン思考、リーン、アジャイルの使い分け

デザイン思考とリーンは似た概念ですが、この2つは「使い時」が明確に異なります。

デザイン思考と相性が良いのは、主に新しいプロダクトやサービスの開発です。デザイン思考では、最も実現可能性の高いビジネスモデルのアイディアを模索し、コンセプトを改良し続けます。そして、コンセプトが十分に練られたところで、コンセプトを検証するために、新しいプロダクトやサービスの限定的なローンチ計画を立てるのです。

一方、リーンでは戦略自体がピボット（方向転換、路線変更）の対象とされていることからもわかるように、顧客に対して価値を提供し続けるために考え続け、改善し続ける姿勢に重きを置いています。そのためリーンは、既存のコンセプトを改善したり、新しいコンセプトを打ち出したりするときに役立ちます。

そしてアジャイルは、デザイン思考による新しいプロダクトやサービスの開発プロジェクト、リーンによる既存のプロダクトやサービスの改善・刷新プロジェクトを迅速に推進することを可能にします。新しいプロダクトやサービスの開発、既存のプロダクトやサービスの改善や刷新には、正解はありません。つねにアイディアの立案と検証を繰り返し、模索しながらプロジェクトが進められます。そこでは、課題に対する柔軟な適応を重視するアジャイルが役立つのです。

リーン、アジャイル、デザイン思考の使い分け

市場参入　　　　　　戦略ピボット

デザイン思考
・新規サービス
　開発

リーン
・既存コンセプト
　刷新

デザイン思考
・新規サービス
　開発

デザインと制約

デザインに「制約」は付きもの

デザインにはさまざまなアートの技法や感覚が使われるため、ときにデザインとアートは混同されがちです。しかし、実際には、目的や自由度などにおいてデザインとアートは別物です。

デザインとアートの最も明確な違いは、デザインの本質が「誰かのために作る」ことにある点です。「誰かのために」ということは、「対象となる誰かが必要な何か」という制約があることを意味します。デザインとは、この一見不自由に感じられる制約の中で行われる活動なのです。

そのため、プロダクトやサービスのデザインに関わることになったら、まずどのような制約があるかを確認しておかなくてはなりません。その上で、どのようなハードルがあるか、どのようなデザイン上の工夫ができるかを考慮して、解決策を探るのです。

制約がない場合には、自ら設定する

デザインに制限が設定されてない状況では、適切な制約を自ら設定した方がよいでしょう。制約が設定されていないと、アイディアの手がかりがなく、かえって発想が難しくなるからです。

たとえば、「夏らしさを感じる文章」というお題があったとします。これだけでは、文章の文字数がどのくらいか、どのように「夏らしさ」を表現するかなどがわかりません。しかし、「夏らしさを感じる俳句」というお題にすれば、文字数は5・7・5の17字となり、夏らしさの表現には「季語」を用いると決められます。

このように、制約を設定することで、アイディアを発想しやすくなり、さまざまなデザインを出しやすくなります。また、「このアイディアのどの点がどのように新しいのか」という観点も持ちやすくなるため、斬新なアイディアも出やすくなります。

制約によって生み出されたデザイン

　世界的に見ても、日本にはユニークなデザインが少なくありません。特に、海外から来た人が驚くのが、機械式立体駐車場とカプセルホテルです。

　これらは、平地が少なく、住宅の広さに制限がある日本だからこそ生み出された、狭い土地を効率良く使うデザインです。国土が広く、平地も多い国では、そもそも土地を効率良く活用する必要がないため、思いつかなかったでしょう。

　先ほど紹介した俳句も、制限があるからこそ成り立つ芸術と言えるでしょう。限りある文字数の中で、季語や掛詞を活用して、情景と感情を間接的に表現することで、情緒あふれる名作が多く生み出されたのです。

　このようにデザインを考えるにあたっては、条件を考え直す、制約の組み合わせを考える、制約を減らす・増やすというように、考えが加速する状況を作り出しましょう。

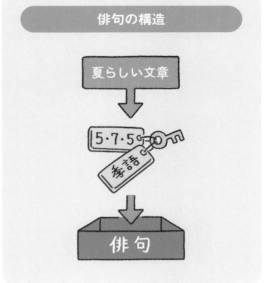

俳句の構造

夏らしい文章

5・7・5 季語

俳句

立体駐車場とカプセルホテル

バリュープロポジションの考え方

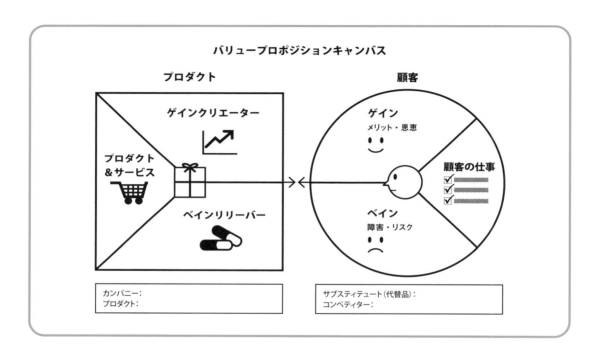

お客様第一主義≠顧客の声を最優先

　プロダクトやサービスの開発において、多くの人は「お客様第一主義＝顧客の声を最優先」が正しいアプローチであると考えがちです。しかし、そのアプローチでは、ユーザーに愛されるプロダクトやサービスは開発できません。

　プロダクトやサービスの開発で重要なのは、ユーザー視点でサービスやプロダクトを考えることです。「ユーザー視点で考える」とは、顧客の声をそのまま商品に反映するのではなく、顧客の潜在ニーズをより深く理解し、顧客の想像を超えるレベルのサービスやプロダクトを作

り出すことなのです。

　では、顧客の声を最優先に考えたがゆえに、いつの間にか顧客の「御用聞き」になってしまう状態に陥らないためにはどうすればいいのでしょう。ここでは、そのためのツールとして「バリュープロポジション」、そのためのフレームワークとして「バリュープロポジションキャンバス」を紹介しましょう。

　なお、バリュープロポジションやバリュープロポジションキャンバスは元々、マーケティング用語として知られていました。しかし、現在では、プロダクトやサービスの開発の文脈において注目されるようになっています。

バリュープロポジションとは

　バリュープロポジションとは、「1 自社が提供する価値」「2 ユーザーが真に求める価値」「3 競合他社が提供していない価値」という 3 つの条件が揃った領域です。バリュープロポジションはしばしば、マーケティングにおいて「顧客があなたのプロダクトやサービスを買う動機」を明確にするために使われます。

　プロダクトやサービスの開発では、多くの場合、作り手の視点と顧客の視点が異なります。そして、マーケター、エンジニア、デザイナーなどの作り手はプロダクトやサービスの開発を進めるにつれて、「顧客視点で考える」ことを忘れてしまうのです。

　しかし、最終的にプロダクトやサービスの良し悪しを決めるのは顧客です。顧客視点で考えることを忘れることは、しばしば顧客が価値を感じにくいプロダクトやサービスの開発につながります。バリュープロポジションを意識することで、つねに顧客視点で、プロダクトやサービスを考えて開発する必要があるのです。

バリュープロポジションキャンバスとは

　バリュープロポジションキャンバスとは、「ビジネスモデルキャンバス」の提唱者の 1 人であるアレックス・オスターワルダーが提唱した、顧客のニーズや状況と自社のプロダクトやサービスとの関係を可視化するフレームワークです。顧客の感情など、定性的な情報も含めて考えられる点がバリュープロポジションキャンバスの強みです。

　バリュープロポジションキャンバスは、右側で「ユーザーの視点」を理解し、左側で「自社のプロダクトやサービスがユーザーの問題を解決しているか」を確認できるようになっています。

　バリュープロポジションキャンバスを使えば、裏紙やホワイトボード、付箋があればいつでもどこでも気軽にプロダクトやサービスのアイディアを整理できます。ぜひ日頃から、バリュープロポジションキャンバスを使ってアイディアを整理し、仮説を立てる習慣を身に付けてください。

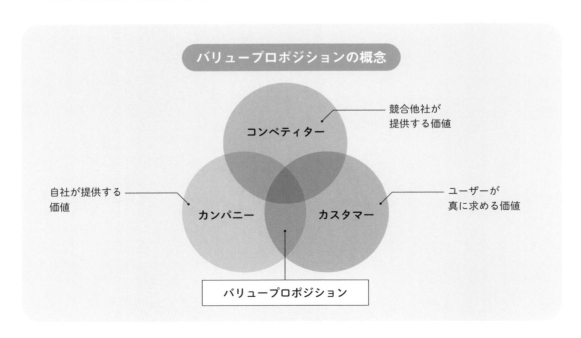

バリュープロポジションキャンバスの使い方

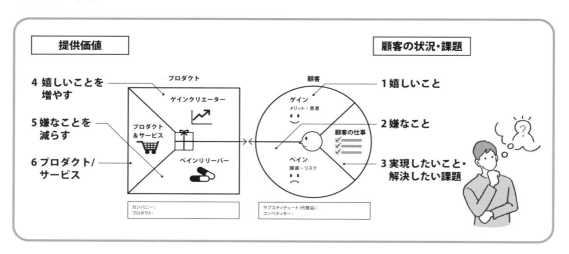

バリュープロポジションキャンバスの作成

バリュープロポジションキャンバスの作成では、右の丸枠に顧客の課題を、左の四角枠に（プロダクトやサービスの）提供価値を埋めていきます。

バリュープロポジションキャンバス作成のコツは、まずは悩みや困りごとといった顧客の「嫌なこと」にフォーカスして、思いついた順に書き出していくことです。そうすることで、より強い「解決したい課題」を見つけられます。この際、アイディアは直接キャンバスに書き込むよりも、横長の付箋に書いて貼ると、後で整理しやすくなります。

解決したい課題を探すにあたっては、「顧客は誰か」を忘れないように注意しましょう。アイディアを出すことに意識が向くと、前提が曖昧になってしまいがちです。こうした事態を避けるため、つねに根本に立ち返ってください。

なお、「顧客は誰か」を設定する上では、自分と似た人や知っている人をイメージすると、属性などが明確になり、アイディアを出しやすくなります。チームでアイディアを出す場合、議論しながら「顧客は誰か」を設定してもよいでしょう。

顧客の課題を優先順位付け

顧客の課題として、「1 嬉しいこと」「2 嫌なこと」「3 実現したいこと（解決したい課題）」の3つを埋めたら、それぞれを「顧客視点での重要度」に応じて優先順位を付けます。この際、右図のように付箋を上から下に並べていくと手間がかかりません。

なお、優先順位付けにあたっては、「この課題を持っている人は多そう」など、ついつい市場の大きさに目が行きがちですが、「顧客は誰か」と「顧客視点の重要度」の意識を忘れないでください。

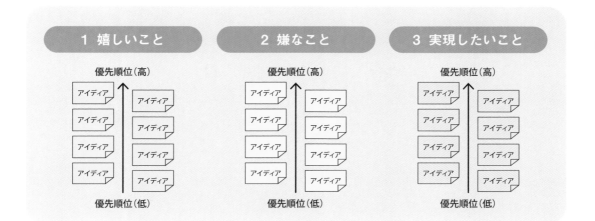

顧客の課題を3W1Hで文章化

　顧客の課題を「顧客の視点での重要度」に応じて優先順位付けしたら、優先順位の高い課題とその解決手段を、「3W1H = Who、When、What、How」で文章に落とし込みます。すなわち、「誰の」「どのようなシーンの」「どのような課題を」「どう解決するのか」を明文化するのです。

　これにより、新しいプロダクトやサービスの提供価値である「4 嬉しいことを増やす」「5 嫌なことを減らす」「6 プロダクト / サービス」が埋められます。この段階までくれば、新しいプロダクトやサービスの方向性が明確に見えてくるはずです。

フレームワークのアップデート

　バリュープロポジションキャンバスはアイディアを繰り返し検証する過程でつねにアップデートしましょう。これにより、ユーザーのニーズに応じたプロダクトやサービスの改善が可能になるからです。

　アップデートにあたっては、通常、定義した顧客課題を抱える人へのインタビュー（ユーザインタビューやグループインタビュー）、その領域の専門家へのエキスパートインタビューなどを実施します。これにより、バリュープロポジションキャンバスを書き換えて、仮説の精度を高めていくのです。

　なお、ビジネスモデルのフレームワークに共通して言えることですが、強力なフレームワークは使うことそのものがゴールになってしまいがちです。しかし、フレームワークはあくまでアイディアを整理するツールに過ぎません。「正しい問い」を繰り返すことで、仮説・検証を続けていくことが重要なのです。

PSFとPMF

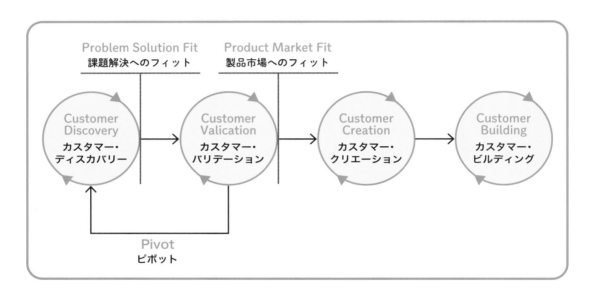

顧客開発モデルに見るPMFの重要性

　顧客開発モデル（CDM、Customer Development Model）とは、顧客と対話を重ねながらプロダクトやサービス、ひいてはビジネスモデルを作りあげていくメソッドです。著名なアントレプレナーであるスティーブン・ブランクが、彼の著書『スタートアップ・マニュアル』（翔泳社）の中で提唱しました。ハーバード・ビジネス・レビューにおいて"Master of Innovation"の1人として紹介されているスティーブン・ブランクは、シリコンバレーの起業家の中で知らない人はいないと言われる人物です。

　顧客開発モデルでは、多大な時間とコストをかけて作ったプロダクトやサービスが実は「まったく顧客に必要とされていなかった」という悲劇を免れるために、

会社のフェーズを顧客との関係性によって定義し、各フェーズごとにやるべきことを決めています。顧客開発モデルにおける会社のフェーズは、「カスタマー・ディスカバリー（顧客発掘）」「カスタマー・バリデーション（顧客評価）」「カスタマー・クリエーション（顧客創造）」「カスタマー・ビルディング（顧客構築）」の4つです。そして、創業間もないスタートアップ企業が当分の目標として据えるべきは、カスタマー・ディスカバリーとカスタマー・バリデーションという前半2つのフェーズを乗り越えることとしています。

　また、次のフェーズに移行してよいかの判断指標として、課題解決へのフィット（Problem Solution Fit、PSF）と市場へのフィット（Product Market Fit、PMF）を挙げています。

　それぞれ、PSFとは顧客の抱える課題が明確で、そ

顧客開発モデルにおける会社のフェーズ

1 カスタマー・ディスカバリー（顧客発掘）

「顧客と話をし、必要とされるか」の検証を行うフェーズ

2 カスタマー・バリデーション（顧客評価）

「実際に市場に受け入れられるか」の検証を行うフェーズ

3 カスタマー・クリエーション（顧客創造）

「グロース（成長性）」の検証を行うフェーズ

4 カスタマー・ビルディング（顧客構築）

組織を構築し、生産体制を整える段階

れに対する解決策が提供できている状態であり、PMFとは解決策を落とし込んだプロダクトやサービスが市場に受け入れられている状態です。

スタートアップの約80%近くはPMFを達成できずに潰れてしまうと言われています。PMFの達成はスタートアップ企業の健康状態を理解する上での1つの指標と言っても過言ではないでしょう。

「顧客と話をする」≠「顧客の御用聞き」

「1 カスタマー・ディスカバリー」のフェーズにおける「顧客と話をし、必要とされるか」とは、「顧客が必要と言ったものや機能」を提供している状態ではありません。

「顧客に何がほしいかを聞き、それを与えようとするだけではいけない（You can't just ask customers what they want and then try to give that to them.）」とは、人々に愛される製品を生み出し続けたアップル社のスティーブ・ジョブズが残した言葉です。

重要なのは、顧客の発言を深掘りすることです。「〇〇〇という機能がほしいと言われたということは、XXXに問題がありそうだ。ということは△△△というソリューションで解決できるかもしれない」などと、言われたことを鵜呑みにすることなく、顧客の悩みや困りごとは何かを考え、最適な解決策を提供することを目指すのです。顧客の発言そのものよりも、顧客の発言の背景を読み取ることが重要です。

課題解決へのフィットと市場へのフィット

PSF Problem Customer → Solution

PMF Product → Market

3-11 | アイディアを練る・コンセプトを立案する
アフォーダンスとシグニファイア

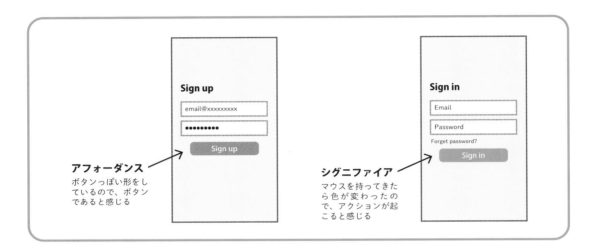

アフォーダンスとは

　アフォーダンスとは、プロダクトやサービスに施された視覚的・物理的な表現によって、どのように利用するかをわかりやすく感じさせるデザイン要素を意味します。アフォーダンスが優れていると、使用するのに難しい説明を必要としないため、ユーザーは迷うことがありません。そのため、そのプロダクトやサービスを使いやすいと感じるのです。

　たとえば、Webサイト上の「角が丸い箱のような四角形」の上に「Sign up」という記述があれば、これがボタンであること、クリックすればこのサイトに会員登録できることを直感的に理解できるはずです。

　ただし、アフォーダンスはあくまでも「このような動きをするかも」という可能性を示唆しているに過ぎません。ユーザーが「どのように動くのか」をはっきりと理解できるとは限らないのです。

シグニファイアとは

　「どのように動くのか」をさらにわかりやすく伝えるために、使われるのが「シグニファイア」です。シグニファイアは、「このように使ってください」「このような動きをしますよ」というシグナルを送るデザイン要素なのです。

　シグニファイアでは通常、ユーザーに適切な行動を伝えるために、印や音、動きや色などを利用します。シグニファイアは、認識可能なヒントを提供することで直感的にプロダクトやサービスの使い方や動作をユーザーに感じさせるのです。

　たとえば、ボタンの上にマウスを持ってきた時に色が変わると、クリックしたり、押したりすることで何かしらのアクションが発生するとユーザーは直感的に理解します。シグニファイアは、デザイン要素としてこうした補助的な役割を担っているのです。

スターバックスに見るアフォーダンスとシグニファイア

アフォーダンスとシグニファイアを理解する上での良い例が、スターバックスコーヒーのスリーブ（カップに付いてくるカバー）です。

何気なく使っているスターバックスコーヒーのスリーブには、熱いカップを持ちやすくなる以外にも、以下のような機能を備えています。すなわち、「スリーブの外周がカップよりも大きく、ピッタリとカップにフィットするように設計されている」「印刷されたカップのロゴよりも大きなスリーブ上の顔は、ロゴと顔を合わせたくなるパズルのような役割を果たしている」です。

スターバックスでは、店舗や備品のデザイン要素もまた、使い方を想像させる役割を担っており、また期待通りの機能を持つようにデザインされています。これは、明らかにアフォーダンスの効果を狙っていると思われます。

さらに、スターバックスのスリーブは、カップを通すためにスリーブを広げた際、「カチッ」と音が出るようになっています。これは内側の接着剤が剥がれた音です

が、音声信号としてシグニファイアの役割も果たしています。すなわち、「スリーブが開いたので、カップを入れてください」というメッセージを送っているのです。

また、このスリーブには粘着性があり、熱くなった表面に触れると粘着性が復活するため、カップが抜けにくくなります。つまり、ユーザーの安全性や機能性も考慮されているのです。

このように、身近なプロダクトやサービスにも、アフォーダンスやシグニファイアが組み込まれています。アフォーダンスとシグニファイアを意識することで、より良い顧客体験の提供が可能になるのです。

カップのロゴとスリーブの顔を合わせたくなる

スリーブの外周がカップよりも大きい

3-12 ｜ アイディアを練る・コンセプトを立案する

MAYA理論

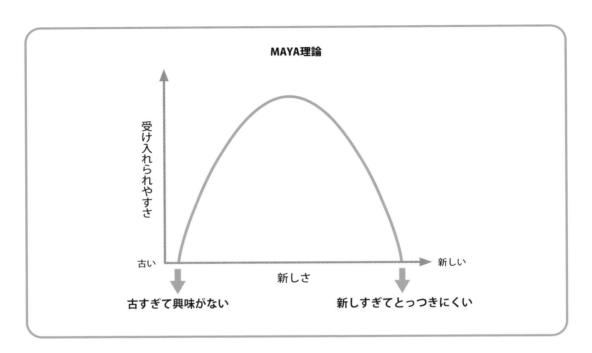

MAYA理論

受け入れられやすさ

古い　　　　　　　新しさ　　　　　　　新しい

古すぎて興味がない　　　　　　**新しすぎてとっつきにくい**

MAYA理論とは

　MAYAとは、「インダストリアルデザインの父」とも
呼ばれるレイモンド・ローウィが発見し、提唱した理論
です。

　MAYAとは「Most Advanced Yet Acceptable」の頭
文字を取った言葉であり、「最も先進的だが、受け入れ
られる」ことを意味します。最も先進的であることと、
受け入れられやすいこととのバランスを示したMAYA
理論は、行動経済学の知見に基づいて提唱されました。

　MAYA理論における「最も先進的 = Most Advanced」
と「受け入れられやすい = Yet Acceptable」のバラン

スを表したのが上の図です。横軸が「新しさ」、縦軸が「受
け入れられやすさ」を示しています。

　人は、あるプロダクトやサービスがあまりにも古いと
感じると魅力を感じず、プロダクトやサービスを受け入
れません。一方で、人は、あるプロダクトやサービスが
あまりにも新しいと感じると、ついていけないと感じて
受け入れないのです。

　多くの人がこのように感じる理由は、人が新しいもの
に対する好奇心と、変化を嫌う保守性という2つの特
性を併せ持っているためだと考えられています。

　上の図においても、新しすぎても、古すぎても、受け
入れやすさが低くなっています。つまり、ユーザーに受

94

け入れられやすいのは、ちょうど良い新しさのプロダクトやサービスなのです。

MAYA理論を利用して大ヒットしたiPhone

ローウィが提唱した MAYA 理論をうまく利用して大ヒットしたプロダクトに、iPhone があります。

2007 年に開催されたアップル社の新製品紹介のプレゼンテーションにおいて、スティーブ・ジョブズは、既存のプロダクトである「iPod」と、「電話 = Phone」「インターネット = Internet」とを組み合わせたプロダクトとして、iPhone を紹介しました。

スマートフォンというプロダクト自体に馴染みがなかったユーザーにとって、iPhone は最も先進的であるがゆえに、受け入れられやすいプロダクトではありませんでした。そのためジョブズは、iPhone は馴染みのある 3 つの機能が「一緒になったプロダクトである」と紹介することで、聴衆に受け入れられやすい存在として

プレゼンテーションしました。つまり、ジョブズのプレゼンテーションによってユーザーの認識が変わり、ユーザーは iphone を受け入れるようになったのです。

iPhone にはまた、すでに浸透していた iPod の「スクロール」ベースの UI や、携帯電話の立体的なボタンを髣髴とさせるアイコンなどといったデザイン要素が取り入れられました。

これは、「スキューモーフィズムデザイン＝なじみのない新しいものを既存のなじみのあるモチーフに似せることで、はじめて見るユーザーでも直感的に操作できるデザイン」を取り入れた結果と思われます。まったく新しいものとしてデザインするのではなく、いくつかの馴染みのあるデザイン要素を残すことによって、適度な新しさを感じるプロダクトとして、ユーザーに受け入れてもらうためです。

いまや世界中の人に受け入れられている iPhone もまた、MAYA 理論に基づいてデザインしたからこそ、成功できたのではないでしょうか。

iphoneのプレゼンテーション

ビタミン剤、痛み止め、治療薬：サービスの3タイプ

Vitamin
ビタミン剤

直接的な課題解決型ではない
あれば嬉しい。でもなくても困らない
今までになかった習慣を生み出す

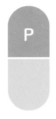

Painkiller
痛み止め

ユーザーが感じている課題を解決
短期的な課題を解決しやすい
課題の大きさに応じた対価が見込める

Cure
治療薬

課題自体の存在をなくす
生み出すのがかなり難しい
解決したら必要なくなることも

「課題を解決していない」ヒットサービス

プロダクトやサービスのアイディアを考える際に最も重要であるとされるのは、「ユーザーの課題解決につながるか」です。これは、理論的には正しい考え方に思われます。

しかし、実際には必ずしも「課題」を解決していないのに、ヒットしているプロダクトやサービスも少なくありません。たとえば、「Instagram」「YouTube」「TikTok」といったサービスは、ユーザーの課題を何ら解決していません。にもかかわらず、使い始めたユーザーの多くが使い続けています。

これらのサービスは、ユーザーの課題を解決していないにも関わらず、新たな習慣を通じて、ユーザーに新たな価値を生み出しています。こうしたプロダクトやサービスは、「まずはユーザーのペイン（課題）を見つけよ」とするデザイン思考的なアプローチにおける大きな盲点となっています。つまり、課題解決的なアプローチでは、こうしたプロダクトやサービスを開発するのは難しいのです。

サービスの3タイプ

新しいプロダクトやサービスの特徴を理解する上では、「ビタミン剤」「痛み止め」「治療薬」の3つに分類するアプローチが有効です。ビタミン剤とは（課題を解決するのではなく）あれば嬉しいタイプ、鎮痛剤とは課題を解決するタイプ、治療薬とは課題自体の存在をなくすタイプのプロダクトやサービスです。

ビタミン剤型のプロダクトの代表例には、スマートフォンがあります。スマートフォンは電話さえできれば事足りていた携帯電話のユーザーに対して、アプリを介

したインターネット接続や地図サービスなど、これまでにない習慣を提供することで、大きな価値を提供しました。ビタミン剤型は、その特性上、利用初期には、「大きな対価を払いたくない」とユーザーに思われがちです。しかし、一度使い始めると、そのプロダクトやサービスを手放せなくなるのです。

鎮痛剤型のプロダクトやサービスは、ユーザーが感じている具体的な課題（ペイン）を解決します。こうした課題は、提供側がふだんから感じていた不都合や不便であることも少なくありません。

Uber EatsやZoomなどに代表される鎮痛剤型は、ユーザーの感じていた課題を比較的短期間で解決するため、プロダクトやサービスの具体的な価値が伝わりやすく、ユーザーを獲得しやすく、解決する課題の大きさに応じ

た対価が見込めます。一方で、同じ課題を解決するプロダクトやサービスが乱立しやすく、競争が激化するケースも少なくありません。

そして、問題自体をなくす治療薬型のプロダクトやサービスは、ユーザーが感じている具体的な課題（ペイン）の原因そのものを消し去ります。レーシック手術や結婚相談所などに代表される治療薬型は、根本的な課題を解決するため、ユーザーに対する説得力が高くなりがちです。

一方で、多くの場合、治療薬型のプロダクトやサービスは開発の難易度が高く、特殊なニーズに対応するニッチなソリューションとなりがちです。また、一度解決してしまうと使い続ける必要がなくなるため、スケールしづらいというデメリットもあります。

ビタミン剤
- 直接的な課題解決型ではない
- あれば嬉しい。でもなくても困らない
- 今までになかった習慣を生み出す

痛み止め
- ユーザーが感じている課題を解決
- 短期的な課題を解決しやすい
- 課題の大きさに応じた対価が見込める

治療薬
- 課題自体の存在をなくす
- 生み出すのがかなり難しい
- 解決したら必要なくなることも

鎮痛剤からビタミン剤に移行したNetflix

Netflixは実は、鎮痛剤型のサービスとしてスタートし、現在はビタミン剤型のサービスとして受け入れられています。

Netflixは創業後まもなく、延滞料金・送料・手数料がすべて無料の定額制DVDレンタルサービスを開始しました。当時、多くのユーザーが既存のDVDレンタル店に対してレンタル期間や延滞料に不満を持っていたからです。つまり、Netflixはレンタル期間と延滞料というユーザーの課題を解決する鎮痛剤型として、サービ

スの提供を開始したのです。

その後、Netflixは、自社のビジネスモデルを変革し、DVDレンタルからビデオ・オン・デマンド方式によるストリーミング配信サービスへと移行します。ストリーミング配信サービスの利用者が増えるにつれて、Netflixは既存作品の配信だけでなく、オリジナル作品の制作に乗り出しました。

それに伴って、ユーザーはオリジナル作品を観るという、これまでにない習慣を獲得しました。つまり、Netflixは、あれば嬉しいビタミン剤型のサービスを提供するようになったのです。

デザインスプリントの約束ごと

デザインスプリントに参画するメンバーは、短期間で膨大な情報を処理しなくてはなりません。メンバーが集中力を高く保ち続けなくてはならないため、さまざまな工夫が求められます。ここでは、デザインスプリントの効果を最大化する上で重要になる2つのルールを紹介しましょう。

1 デジタルデバイスはオフ、メールは自動返信

現在、多くの人が業務中はもちろん、会議中にもスマートフォンやタブレット、PCなどのデジタルデバイスからの通知に気を取られてしまっています。知らず知らずのうちに注意力が散漫になってしまい、集中力を高められなくなっているのです。

こうした状態を回避するため、デザインスプリントの期間中には、デバイスの電源をすべて切り、一切の邪魔が入らない体勢で臨むことを参画メンバー全員に伝えましょう。極端な環境に身を置くことは、参加者の能力を引き出すだけではなく、チーム全体の団結力や信頼関係向上にもつながります。

2 会議はすべて欠席、スプリントだけに完全コミット

デザインスプリントの期間中には、参画メンバーには他のプロジェクトの会議は欠席するように通達しましょう。これは、デザインスプリントではメンバーのタスクが多く、スケジュールが数分刻みで細かく設定されているためです。

あるメンバーが他の会議に参加するために、数時間でも離脱すると、他のメンバーとのギャップが生まれ、当該メンバーの貢献度が著しく低下する危険性があるからです。

期間中はデザインスプリントだけに集中することを徹底するのです。

4 章

ユーザー体験を
設計する・
プロトタイプを
作成する

4-1　デザイン思考：プロトタイプ

4-2　プロトタイプの使い分け

4-3　エモーショナルデザイン

4-4　エモーショナルデザインの例

4-5　ビヘイビアデザイン：FBMモデル

4-6　3対1の法則

4-7　ヤコブの法則、フィッツの法則：認知バイアス①

4-8　ミラーの法則、パーキンソンの法則：認知バイアス②

4-9　テスラーの法則、ハロー効果：認知バイアス③

4-10　キャッシュレス効果、デザイン固着：認知バイアス④

コラム④ プロトタイプと一緒に使われる概念

デザイン思考：プロトタイプ

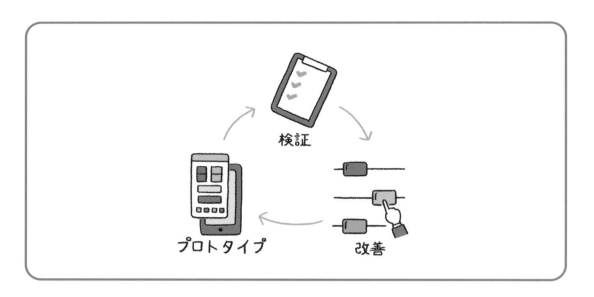

プロトタイプとは

　「プロトタイプ」とは、アイディアやビジュアルの検証、動作や機能の検証、ビジネス課題や技術課題の検証などを目的として作られる、新しいプロダクトやサービスの最初のモデルや試作品です。最低限の機能を備えたプロトタイプは比較的容易に開発でき、ユーザーに実際に使ってもらい、そのフィードバックを得ることで、さまざまな検証が可能になります。

　プロトタイプがプロダクトやサービスの開発にもたらすメリットは主に「チームの共通認識の形成」「ユーザーへの説明」「ユーザーの声に基づく改善」の3つです。

　まず、プロトタイプによってアイディアが具現化されると、チーム内で共有認識を形成しやすくなります。要は、アイディアだけで終わらせずにプロトタイプによっ

て具現化することで、メンバー間の認識の齟齬が起きづらくなり、議論も進めやすくなるのです。また、技術的な実現可能性についても、早い段階で検証できます。

　ユーザーへの説明においてもプロトタイプは有効です。プロダクトやサービスを口頭や文面で説明しても、正確に理解してもらうのはしばしば困難です。しかし、プロトタイプを見れば、ユーザーもプロダクトやサービスの方向性を理解できます。

　さらに、プロトタイプをユーザーに実際に使ってもらうことで得られる良質なフィードバックは、プロダクトやサービスを効果的に改善する上での近道となります。作り手がユーザーの視点をすべて理解することは難しいため、ギャップをすり合わせる手段として、プロトタイプを早い段階で利用できるのは大きなメリットとなるでしょう。

3種類のプロトタイプ

プロダクトやサービスの開発では通常、「ファンクショナルプロトタイプ」「デザインプロトタイプ」「コンテクスチュアルプロトタイプ」という3種類のプロトタイプを開発します。3種類のプロトタイプを用途に応じて使い分けるのです。

それぞれ、ファンクショナルプロトタイプは動作や機能の検証、デザインプロトタイプはビジュアルイメージの検証、コンテクスチュアルプロトタイプはユーザー体験の検証に使われます。

ただし、どのようなプロトタイプを作るべきかについては正解がなく、作り方や活用方法にも決まりはありません。プロトタイプの作成とプロトタイプによる検証の方法は、試行錯誤を重ねながら、決めていくほかないのです。

重要なのは、プロトタイプによってアイディア・動作・ビジュアル・課題を検証しながら、プロトタイプをアップデートしていくことです。これにより、検証の精度を段々と向上させていくのです。

ファンクショナルプロトタイプ

動作や機能を検証するためのプロトタイプ。主に、プロダクトやサービスの操作や動きの確認に使われる。Webサービスやアプリであれば、スクロールしたり、ボタンを押したりした際の動作を確認する。実際の動作を事前に確認し、問題点を抽出できる。なお、紙にフリーハンドでインターフェイスを書いてテストするペーパープロトタイプもファンクショナルプロトタイプの1つである

デザインプロトタイプ

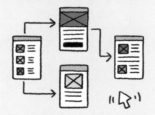

ビジュアルイメージを検証するためのプロトタイプ。主に、プロダクトやサービスのフォルムや画面イメージなどの確認に使われる。紙を使用して簡易的にも作成できるが、PhotoshopやIllustratorのようなデザインツール、Adobe XD、Sketch、Figmaなどのプロトタイピングツールを使用すれば、より具体的で、リアリティのあるデザインプロトタイプの作成が可能である

コンテクスチュアルプロトタイプ

ユーザーの体験を検証するためのプロトタイプ。「コンテクスチュアル＝文脈上の」という意味の通り、プロダクトやサービスを通じてユーザーに提供する「体験」「ストーリー」「意味」を確認する。アプリやゲームなどを使用している様子を動画で撮影し、ユーザーへ公開するのもコンテクスチュアルプロトタイプである。ある意味、プロモーションビデオやコマーシャルのような役割を果たす

プロトタイプの使い分け

プロトタイプは用途に合わせて使い分ける

プロトタイプの手段

プロダクトやサービスの開発では、用途に応じて様々な手段でプロトタイプを作成して、使うことになります。

プロダクトやサービスのプロトタイプには主に、「厚紙やダンボールなどで作った模型」「ペーパープロトタイプ」「ストーリーボード」が使われます。

ここでは、どのような用途で、どのような手段で作成するか、そしてそれぞれをどのように使い分けるかについて考えましょう。

厚紙やダンボールなどで作るプロトタイプ

紙や段ボールを使って簡易的に作るプロトタイプ。忠実度は低く、主にメンバーと完成形の認識合わせのために使用される

ペーパープロトタイプ

紙やデザインツールを使って作るプロトタイプ。紙を使うとフリーハンドで気軽に試作できるのに対して、デザインツールを使うと精度が高くなる。アプリやサービスを試作するための手段として使われる

ストーリーボード

イラストや画像を使って作るプロトタイプ。プロダクトやサービスのユーザー体験をストーリー化するために使われる。世界観を表現した動画を作成すれば、精度が向上する

プロトタイプの使い分け

プロトタイプは通常、実際のプロダクトやサービスとの忠実度によって使い分けます。忠実度が低いプロトタイプは、開発チーム内や社内でコンセプトやイメージを擦り合わせたり、改善点を考えたりするために用います。

また、忠実度が中程度のプロトタイプはユーザーインタビューなどでユーザーからリアルな感想を聞き出すために使い、忠実度が高いプロトタイプはチームやユーザーに公開して評価を受けるために使うのです。

ユーザーインタビューの実施にあたっては、中レベル以上にプロトタイプを作り込むとよいでしょう。

忠実度によるプロトタイプの使い分け

忠実度

低 ←——————————————————→ 高

忠実度が低いプロトタイプ
紙やダンボールなど、入手しやすい材料で簡単に作成するプロトタイプ。コンセプトやイメージを擦り合わせたり、改善点を考えたりするために用いる

忠実度が中程度のプロトタイプ
未完成だが、実際の製品やサービスの主な機能を一定のレベルで理解するためのプロトタイプ。ユーザーに体験してもらい、リアルな感想を聞き出すために用いる

忠実度が高いプロトタイプ
きちんと動くプロダクトやサービスの形になっている試作品。製作に費用、時間、技術が必要となる。チームやユーザーに公開し、評価してもらうために用いる

4-3 | サービス体験を設計する・プロトタイプを作成する

エモーショナルデザイン

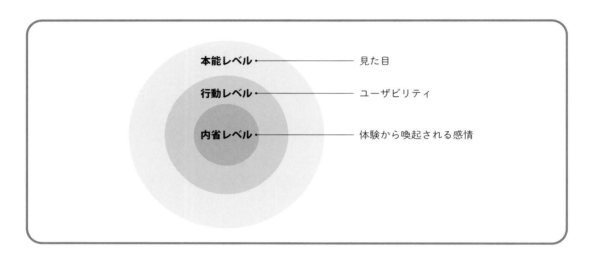

本能レベル ———— 見た目

行動レベル ———— ユーザビリティ

内省レベル ———— 体験から喚起される感情

エモーショナルデザインとは

「エモーショナルデザイン」とは、ユーザーの感情を大きく動かすことで、ユーザーが期待する以上の体験を提供するデザイン手法です。

エモーショナルデザインは、認知心理、デザイン、ユーザビリティエンジニアリングの分野で著名なドナルド・A・ノーマンによって2000年初頭に提唱されました。そして、インターネットの進化に伴って、その重要性が広く認識されるようになり、デザインの現場にも概念が浸透していったのです。

プロダクトやサービスがユーザーに受け入れられ、愛される上で必要なことは今も昔も変わりません。エモーショナルデザインは、優れたプロダクトやサービスが溢れている現代、ユーザーに受け入れられるために、どのような点を考慮すればいいのかをわかりやすく定義しています。

エモーショナルデザインを構成する3つの処理

エモーショナルデザインでは、人の心や感情には「本能」「行動」「内省」という3つのレベルがあるとしています。

これら3つが強く結び付き、絡み合うことで、人はプロダクトやサービスなどを受け入れたり、愛したりすると考えるのです。

本能レベルは、生物的な人の特性としての好みであり、一般に制御が難しいと考えられています。プロダクトやサービスのデザインでは、本能レベルのデザインに注力することも多いでしょう。つまり、色や形、音や言葉のようなわかりやすい表現で訴えかけることで、ユーザーの感情的な反応を引き出すのです。本能レベルのデザインは、プロダクトやサービスのビジュアルデザインやマーケティング広告などに使われ、見せ方における差別化を図ります。

行動レベルは、基本的に機能としての好みであり、一般に検証と改善を繰り返すことで改善可能です。行動レベルでのユーザー評価は、ユーザーの意識的な行動に着目して、既存ユーザーと新規ユーザーの印象や使い勝手の比較、ユーザーの行動達成の可否などを確認することで判断します。行動レベルのデザインは、主にユーザービリティテストなどに使われ、ユーザーインターフェイスの改善を図ります。

内省レベルは、基本的に UX のデザインであり、本能レベル、行動レベルのデザインが十分練られた段階で初めて踏み込める最も上位のデザイン概念です。内省レベルのデザインでは、プロダクトやサービスとユーザーの相性を考えながら、ユーザー体験の合理的なバランスを見つけ出します。

1 本能レベル
訴求・メッセージ・ビジュアルデザイン

生物的な人の特性としての好みであり、一般に制御が難しい。色や形、音や言葉のようなわかやすい表現で訴えかけることで、ユーザーの感情的な反応を引き出す。プロダクトやサービスのビジュアルデザインやマーケティング広告などに使われる

2 行動レベル
機能・ユーザビリティ

基本的に機能としての好みであり、一般に検証と改善を繰り返すことで改善可能である。行動レベルでのユーザー評価は、ユーザーの意識的な行動に着目して、既存ユーザーと新規ユーザーの印象や使い勝手の比較、行動達成の可否などを確認することで判断する。主にユーザービリティテストなどに使われ、UI の改善を図る

3 内省レベル
使用前から使用後までのすべての体験のデザイン

基本的に UX デザインの洗練度であり、本能レベル、行動レベルのデザインが十分練られた段階で初めて踏み込める最も上位のデザイン概念。内省レベルのデザインでは、プロダクトやサービスとユーザーの相性を考えながら、ユーザー体験の合理的なバランスを見つけ出す

エモーショナルデザインの例

内省レベルのデザイン例＝Uber Eats

　内省レベルのデザインを具現化したサービスの1つが、「Uber Eats」です。

　Uber Eatsのアプリを開くと、まずは料理の写真が並びます。おいしそうで写りのよい写真は食欲に訴えかけ、「注文」というアクションを本能レベルで誘発します。ユーザーにポジティブな感情を抱かせれば、表現がユーザーに刺さるだけでなく、利用時のユーザーのストレスを減らすことにもつながるのです。

Uber Eatsが提供するユーザー体験

　新型コロナウイルス感染症の蔓延後、Uber Eatsはユーザーの要望に応じて玄関先などにテイクアウトを置くことで、非対面でも受け取れるようにしました。非接触の受け取りという選択肢が生まれたことで、「受け取るのに配達員に会う必要がある」という心理ハードルが下がり、より容易に料理が注文できるサービスへと成長

したのです。

　Uber Eatsが他のデリバリーアプリと比べて優れている点に、手厚いサポートがあります。料理や配達に関するトラブルの対応が速く、ユーザーに非のないトラブルについては全額返金も行っています。加えて、交通状態や天候の乱れ、アクシデントなどによって予想到着時間に受け取れない場合に500円クレジットを付与する保証付き月額サービスも用意されています。「Uber Eatsはサポートが手厚いから何かあっても大丈夫」という信頼感は、ユーザーにポジティブな感情を抱かせます。

　ビジュアルデザインのテイストは、「いつでも、どこでも、誰でも簡単に料理を食べられるようにする」という同社の使命にマッチしています。すなわち、ユーザーを選び過ぎない「ポップでありながら彩度低め」のデザイン表現で統一され、注文後のWebサイトには料理を作るアニメーションが流れます。このアニメーションがなくても、機能としては成立しますが、遊び心のある表現は親近感を抱かせ、ネガティブに捉えられがちな「待ち時間」を寛大に受け止めてもらえるのです。

Uber Eatsの提供する体験

このように、Uber Eats のよく考えられたデザインは優れたユーザー体験を実現させました。忙しくて自炊できない人や外食に行きたいけど行けない人に「フードデリバリー」という解決策を提案しただけでなく、既存サービスや類似体験のネガティブ要素を軽減し、利便性を追求したことでユーザーの暮らしを豊かにしました。結果として、フードデリバリーという文化そのものが幅広いユーザーに受け入れられたのです。

内省レベル	本能レベル	行動レベル	内省レベル
話題になっているあのフードデリバリーアプリが気になる	美味しそうなフードメニューばかりで、早く注文したくなる	配達員の場所が確認できて到着時間がわかるなど、サポートが充実していて安心	フードデリバリーが自分のライフスタイルに溶け込み、これからも使いたい！

エモーショナルデザインに取り入れやすい要素　TIPS

エモーショナルデザインを実現する上で取り入れやすい要素としては、「①見た目に楽しい視覚要素」「②デザイン全体のトンマナやテーマ」「③使う想定の人が使いやすいデザイン設計」「④感覚的に操作できるインタラクション」「⑤ユーザーに親切なマイクロコピー」「⑥ディテールまでこだわったデザイン設計」などがあります。

エモーショナルデザインを実現させるために、①ではアイコンやイラストなど、④ではアニメーションや音など、⑤では CTA ボタン状の文言やエラーメッセージなどが使われます。

 見た目に楽しい視覚要素
（アイコンやイラストなど）

 デザイン全体のトンマナやテーマ

 使う想定の人が使いやすいデザイン

 感覚的に操作できるインタラクション
（アニメーションや音など）

 ユーザーに親切なマイクロコピー
（CTA ボタン状の文言やエラーメッセージなど）

 ディテールまでこだわって設計したデザイン

ビヘイビアデザイン：FBMモデル

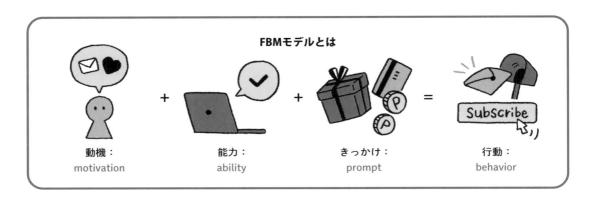

FBMモデルとは

動機：
motivation
＋
能力：
ability
＋
きっかけ：
prompt
＝
行動：
behavior

ビヘイビアデザインとは

「ビヘイビアデザイン」とは、無意識のうちにユーザーの行動や習慣を狙い通りに導くようにプロダクトやサービスをデザインすることです。ビヘイビア（behavior）は英語で「行動」を意味しますが、人間の行動の95％は無意識で行われていると言われています。ビヘイビアデザインは、デザインの力によって無意識の行動や習慣に影響を与えるのです。

スタンフォード大学ビヘイビアデザインラボの所長であるB・J・フォッグ教授は、人の行動を心理学的に分析し、特定するモデルとして「フォッグ・ビヘイビアモデル（FBM、Fogg Behavior Model）」を提唱しました。

フォッグ・ビヘイビアモデルでは、人の行動や習慣に影響を与える上では、「動機（Motivation）」「能力（Ability）」「きっかけ（Prompt）」という3つが不可欠であると説明しています。こうした考え方を体系化したのが、ビヘイビアデザインの理論なのです。

1 動機 (Motivation)
時間や場所といった行動を起こすために必要な環境条件

2 能力 (Ability)
知識や技能など、行動を起こすために必要な能力やスキル

3 きっかけ (Prompt)
興味や努力といった行動を起こすために必要な意欲や欲求

動機、能力、きっかけの関係

フォッグ・ビヘイビアモデルでは、下図のように、動機、能力、きっかけの関係を示しています。縦軸が動機の高さ、横軸は行動を起こすために必要な能力です。上に行くほど動機が高くなり、右に行くほど求められる能力値が低くなります。動機が低いときは能力が高くても、ほとんどの場合、人は行動を起こしません。よほどのことがない限り、人はやりたくないことはやらないのです。一方、動機が高くても、能力が低いと、ユーザーは行動を起こしたくても起こせない状態に陥ります。

動機が高く、能力が高いときに、人ははじめて行動を起こすのです。つまり、ユーザーの動機と能力の状態を示した下図の曲線よりも高い位置にあるときにのみ、適切なきっかけがあれば人は行動を起こします。

たとえば、"A さんに、メールマガジンの購読のため、Web サイト上の登録フォームにメールアドレスを入力してもらう"ことがゴールであるとします。この場合、デバイスを操作して Web サイトの登録フォームに入力できることが「能力」となります。また、メールマガジンを読みたいと思う気持ちが「動機」です。

そして、A さんがメールマガジンを購読するという行動を起こすには、「パソコンやスマートフォンなどのデバイスを所持していて、デバイスを使って難なく操作できて、メールマガジンの内容に興味がある」ことが必要になるわけです。

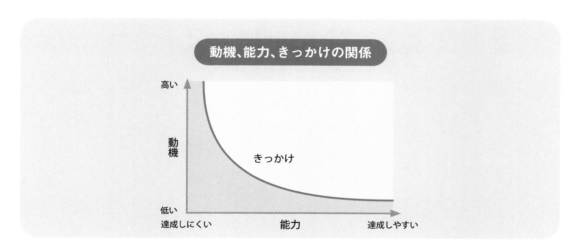

動機、能力、きっかけの関係

高い

動機

低い

達成しにくい　　　能力　　　達成しやすい

きっかけ

行動につながるきっかけ

動機と能力がどれほど高くても、適切なきっかけなしでは行動にはつながりません。行動を起こすきっかけはアラーム、テキストメッセージ、アナウンスなど様々です。

成功するきっかけには 3 つの特徴があります。すなわち、「1. ターゲットがきっかけに気が付く」「2. ターゲットの行動ときっかけが関連している」「3. 動機と能力がターゲットが行動を起こすのに十分なとき、きっかけが現れる」ことです。モチベーションが低いとき、きっかけはただの迷惑にしかなりません。ターゲットの動機も能力も高い、絶好のタイミングに、きっかけを与える必要があるのです。

なお、能力が低くても動機が十分に高いと、人はしばしば能力を高めようと努力します。逆に言えば、人の動機を効果的に高められれば、能力を引き上げることも可能なのです。

3対1の法則

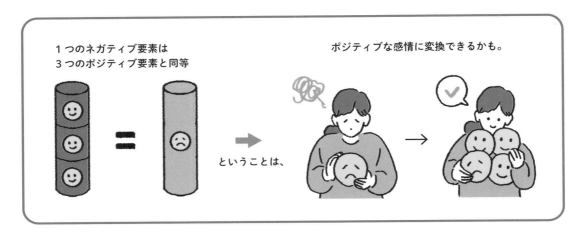

1つのネガティブ要素は
3つのポジティブ要素と同等

ポジティブな感情に変換できるかも。

ということは、

3対1の法則とは

　デバイスの進化やユーザーの感覚の変化に応じて、プロダクトやサービスにおけるユーザーの体験も変えていく必要があります。多くのプロダクトやサービスにおいて「完成」という概念がなくなっている現在、デザインはつねに進化させ続ける必要があるのです。

　では、どのような判断基準でデザインを進化させればいいのでしょう。そこで参考になるのが Google の Android チームが採用している「3対1の法則」です。

　3対1の法則とは、「ポジティブな感情がネガティブな感情を上回るには3つのポジティブな感情が必要である」とする理論であり、心理学者のバーバラ・L・フレドリクソン氏が提唱しました。

　そもそも UX デザインにおいて重要なのは、「ユーザーにどのような感情を届けるか」です。3対1の法則を UX デザインに当てはめることで、適切なユーザー体験をデザインできるのです。

3対1の法則の活用

　3対1の法則を活用するため、Google の Android チームは、アプリを利用する過程においてユーザーが受け取るポジティブな感情とネガティブな感情を"瓶"に入れて、その"重さ"を天秤にかけるという方法を採用しています。

　具体的には、プロダクトやサービスの機能を通じて、驚きやスムーズさ、期待通りといったポジティブな体験が1つ起こるごとにポジティブの瓶にビー玉を1つ入れ、エラー表示や複数のステップ、予期しない動きといったネガティブな体験が1つ起こるごとにネガティブの瓶にビー玉を3つ入れます。そして、ポジティブの瓶とネガティブの瓶を天秤にかけて、イコールもしくはポジティブに傾けば合格とし、ネガティブに傾けば UX を改善するのです。

　このように3対1の法則を UX デザインに当てはめる手法は、非常にシンプルで、すぐに活用できます。

ポジティブな感情やネガティブな感情を引き起こすユーザー体験

　UXデザインにおけるポジティブな感情とは信頼感、快適さ、喜びなど、ネガティブな感情とは不安、苛立ち、悲しみなどです。

　これをデジタルサービスに当てはめると、たとえば、単なるエラーメッセージ表示や動作の煩わしさなどはネガティブ感情を、エラー原因表示や動作のスムーズさはポジティブな感情を引き起こします。

　以下の表に、ポジティブな感情やネガティブな感情を引き起こすユーザー体験をまとめました。3対1の法則を活用する上での参考にしてください。

　なお、UX要素の改善を通じ、本来はネガティブ要素になってしまう状況でもポジティブ感情に変換することは不可能ではありません。そもそも、デジタルのプロダ

クトやサービスは得てして冷たい感じになりがちで、気をつけないとネガティブ要素満載になりがちです。

　そうした事態を避けるためにも、デザインをつねに進化させ続ける必要性があるのです。

ポジティブな感情を引き起こすユーザー体験	ネガティブな感情を引き起こすユーザー体験
エラーの原因を表示する	エラーを伝えるだけ
マウス操作が制限されない	マウス操作が制限される
スムーズ	煩わしい
人間らしい	機械らしい
選択肢の中から選択する	入力する項目が多い
必要なものだけの選択肢	細かく多すぎる選択肢
ステップがいつ終わるか表示されている	ステップがいつまで続くかわからない
ローディングが速い	ローディングが遅い
クリック要素が明確	クリック要素が不明瞭
クリック後の挙動が予測できる	クリック後の挙動が予想できない

ヤコブの法則、フィッツの法則：認知バイアス①

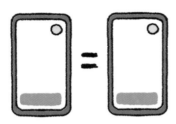

ヤコブの法則
あえて既存のデザインを活用して親近感を

フィッツの法則
対象は近くて大きいほど操作しやすい

ヤコブの法則とは

「ヤコブの法則」は、ユーザビリティーの父であるヤコブ・ニールセンが提唱した法則です。

ヤコブの法則によれば、一般的なユーザーのほとんどは、アプリやプロダクト、Web サイトやサービスに対して、既存のプロダクトやサービスと同じような動作体験を望んでいます。

つまり、ユーザーは慣れ親しんだプロダクトやサービスに対して抱いている期待を、似たようなプロダクトやサービスにも抱くのです。

この法則をうまく活用している事例が、最近のソーシャルメディアのユーザーインターフェースです。どのサービスもユーザーインターフェースが似ていることに気付くのではないでしょうか。後発のサービスは、先にリリースされている類似サービスの UI デザインをあえて取り入れているのです。

類似の UI デザインを取り入れることで、ジェスチャーやスクロールなど、ユーザーは慣れ親しんだ動きで操作

ヤコブの法則

ソーシャルメディアのスマホアプリのユーザーインターフェースはどれも似ているため、ユーザーは慣れ親しんだ動きで操作できる。そのため、ユーザーはタスクに集中できるのだ

できます。そのため、タスクに集中できます。新しいモデルの学習をしなくても、サービスを直感的に利用できるため、体験価値が高まるのです。

フィッツの法則とは

心理学者のポールフィッツが提唱した「フィッツの法則」は、第二次大戦中の飛行機のコックピットの研究から、デザインヒューマンエラーが単なる人間による誤りではなく、不適切なデザインに起因することを指摘しました。

UIデザインにおけるフィッツの法則は、人の行動をモデル化して、「対象へのアクセス時間」と、「対象の大きさ」や「対象までの距離」との相関関係を説明しています。

フィッツの法則によれば、UIデザインにおける対象へのアクセス時間は、対象の大きさと対象までの距離によって決まります。マウスのポインタからの距離が近く、対象が大きいほど短い時間でアクセスでき、ポインタからの距離が遠く、対象が小さいほどアクセスに時間がかかるのです。

スマートフォンやタブレットなどの携帯端末で利用するモバイルアプリのインターフェースは、フィッツの法則をうまく活用しています。アプリを操作する親指が届く範囲にボタンを配置したり、スクロールやスワイプといった操作で利用するスクロールバーやスワイプエリアなどを大きめに設定したりすることで、容易に操作できるようにしているのです。

このように、指の動きを最小限に抑え、ターゲットへのアクセスをスムーズにすることで、操作性が高まり、結果的にサービス利用のユーザー体験が向上します。UIやUXのデザインにあたっては、「このように操作してほしい」というサービス提供側の想い以上に、「自然に使うとこうなる」という、ユーザーの直感的な動作に配慮する必要があるのです。

フィッツの法則

短い時間でアクセスできない

短い時間でアクセスできる

スクロールバーやスワイプエリアを届く範囲に設定

ミラーの法則、パーキンソンの法則：認知バイアス ②

ミラーの法則
人は 4 個程度のことしか同時に記憶できない

パーキンソンの法則
人は時間がないほど生産性が高まる

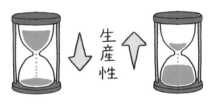

ミラーの法則とは

　心理学者のジョージ・ミラーは「人間が短期記憶に同時に保持できる情報の数は決まっている」と提唱しました。この認知心理学の先進的な研究は「ミラーの法則」と呼ばれています。

　「ミラーの法則」では、人間の記憶において、同時に記憶できる情報量は、「4 ± 1」（3 〜 5 程度）範囲であるとしています。

　同時に記憶できる情報量は「マジカルナンバー」と呼ばれ、かつてジョージ・ミラーが「7 ± 2」（5 〜 9）としていました。しかしその後、ミズーリ大学のネルソン・コーワン教授が「4 ± 1」（3 〜 5 程度）であるとし、現在ではこちらが定説になっています。

　ミラーの法則は、人間は別の作業を行っている時でも、3 〜 5 個程度の情報は記憶しておくことができるこ

とを示しています。UI デザインにおいてミラーの法則が活用できるのは、ナビゲーションバーやタブなどのメニューの設計などにおいてです。すなわち、アプリや Web サイト上のナビゲーションとして使用されるメニューにおいて、一度に見せる項目数を 5 つ以下に制限するのです。

　メニューの項目数を制限することはまた、1 つの画面から操作できる機能の数も制限することになります。機能数が多いプロダクトやサービスは必然的に使いづらくなってしまうため、メニューの項目数の制限は使いやすさにもつながるのです。

　また複雑なユーザーインターフェイスのプロダクトやサービスは、操作が難しくなりがちです。画面に表示する情報量を抑えて、UI をシンプルにすることで、ユーザーが情報や機能を正確に理解できて、ストレスなく操作できるようになります。

パーキンソンの法則とは

「パーキンソンの法則」は、イギリスの歴史学者・政治学者であるシリル・ノースコート・パーキンソンが提唱しました。

彼は、行政組織では組織の構成員にさまざまな心理作用が働くことから、人と組織が非合理的な行動を取ってしまいがちであることを示しました。この研究をまとめたのがパーキンソンの法則です。

パーキンソンの法則は、「仕事の量は、完成のために与えられた時間をすべて満たすまで膨張する」「支出の額は、収入の額に達するまで膨張する」の2つで構成されます。このうち、前者は「先延ばしの法則」と言い換えることができるでしょう。つまり、人は時間に余裕があるとわかると脳がリラックスし、集中力が下がってしまうのです。

パーキンソンの法則は、UXデザインに応用できます。「時間的な余裕がユーザーの集中力低下につながる」と

は、逆に言えば「人は締め切りのプレッシャーを感じると、重要なことや緊急性の高いことに集中できる」と捉えられます。

これをUXデザインに活用すると、たとえばユーザーのタスク完了率やコンバージョンを高める上では、ユーザーの行動に制限時間の設定が有効であるとわかります。

また、求めるタスクを明確にしたり、タスクへの責任感を高めたり、こまめに進捗やリマインドを通知したりすることは、ユーザーのモチベーション低下の抑止につながるでしょう。

Amazonで表示される「いつまでにオーダーすると明日中に届く」といった表示、アカウント設定時のワンタイムパスワードにおけるカウントダウン表示もパーキンソンの法則の応用例です。

ユーザーに適度にプレッシャーを与えて、タスクに集中してもらうようにユーザー体験をデザインしているのです。

テスラーの法則、ハロー効果：認知バイアス③

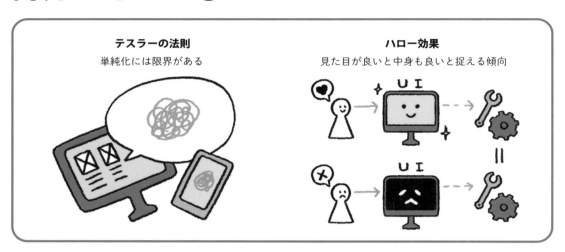

テスラーの法則
単純化には限界がある

ハロー効果
見た目が良いと中身も良いと捉える傾向

テスラーの法則

　「テスラーの法則」とは、「どのようなシステムやプロセスにも、減らすことのできない複雑さが存在する」ことを示した法則です。シリコンバレーの研究者、ラリー・テスラーによって提唱され、「複雑性保存の法則」とも呼ばれます。

　ユーザー体験は、「基本的にシンプルにすることが正しい」とされています。しかしテスラーの法則によれば、どのようなシステムやプロセスにもこれ以上シンプルにできない「臨界点＝本来備わっている複雑性」があります。臨界点を超えた後に、シンプルなユーザー体験を目指す上でできることは、問題を提供側で解決できる仕組みの提供だけなのかもしれません。

　また、スムーズなユーザー体験を提供する上では、何をどのように使ってほしいかを、ユーザーが一目で理解できるインターフェイスにすることも重要です。多少の

テスラーの法則

プロダクト ユーザー
複雑性

プロダクト ユーザー
複雑性

「遊びの要素」を入れても構いませんが、基本的には、ユーザーを混乱させないようにシンプルなインターフェイスをデザインしましょう。

ハロー効果

ハロー効果とは、「外見が優れているものは、中身も優れている」と捉える傾向です。デザインで言えば、例えば「美しいデザインのプロダクトやサービスは性能も優れているように見える」「見た目が良くないプロダクトやサービスは性能も劣っているように見える」といった傾向が挙げられるでしょう。

ハロー効果はUIデザインにも活かせます。見た目の美しさを追求すれば、ユーザーに「良いプロダクト」「良いサービス」と認識してもらえるからです。しかし、本来デザインする上で優先するべきは、見た目の美しさよりもユーザーの目的を達成するための機能です。

今回は、UIの基本に立ち返り、ハロー効果をデザインの実践において活かすための3つの心構えを紹介しましょう。

まず、「究極のユーザーインターフェイスはその存在を感じさせない」ことです。つまり、優れたUIとは、単純な見た目の美しさを追求したものではなく、ユーザーがその存在を意識しないほどに「透明」なものでなくてはならないのです。当たり前のように存在し、疑問を抱かないほど自然な状態であることが重要です。UIデザインでは、構造や設計が根本的に重要であり、UIを構成するビジュアルや要素はその「透明感」を実現するための道具であると心得ましょう。

次に、「インターフェイスは使ってもらうことにこそ価値がある」ことです。インターフェイスは、ユーザーに使われてこそ存在価値が生まれることを忘れてはいけません。使い心地の良さは、ユーザーインターフェイスにおいて不可欠なのです。

最後は、「見た目のデザインはその機能に基づく」ことです。UIデザインの中心にあるのはビジュアルではなく機能であると心掛けましょう。求められているのは、ユーザーが直感的に操作を理解できるようにデザインすることです。ビジュアルよりも機能を優先してデザインするのです。その上で、魅力的なビジュアルを追求することで、使いやすく美しいプロダクトやサービスを実現できます。

1 究極のユーザーインターフェイスはその存在を感じさせない

優れたUIは、ユーザーがその存在を意識しないほど「透明」である。当たり前のように存在し、疑問を抱かないほど自然な状態が重要である

2 インターフェイスは使ってもらうことにこそ価値がある

インターフェイスは、ユーザーに使ってもらってこそ存在価値が生まれる。使い心地の良さは、ユーザーインターフェイスにおいて必要不可欠である

3 見た目のデザインはその機能に基づく

ビジュアルではなく、機能をUIデザインの中心として、ユーザーが直感的に操作を理解できるようにデザインする。その上で、魅力的なビジュアルを追求するのだ

キャッシュレス効果、デザイン固着：認知バイアス④

キャッシュレス効果
同じ1000円でも、現金払いのほうが高ストレス

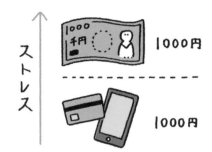

デザイン固着
固定概念でクリエイティビティに制限がかかっている状態

キャッシュレス効果

「キャッシュレス効果」とはその名の通り、現金よりもクレジットカードやデビットカードを利用したほうが、お金を多く使う傾向です。近年、オンラインショッピングが日本にも浸透してきた結果、キャッシュレス効果はすべての企業が理解しておく必要のある認知バイアスとなっています。

キャッシュレス効果の典型例が、多くのECサイトで実装されているワンクリック決済やオンライン決済の「後払い機能」です。後払いが基本であるワンクリック決済やオンライン決済を利用すると、人はより気軽に買い物をしがちです。

サイトやサービスで買い物する時、人は同じ1万円を現金で支払うよりも、ワンクリック決済やオンライン決済するほうがストレスを感じにくいのです。

ただし、キャッシュレス効果をサイトやサービスに導入するにあたっては注意が必要です。ユーザー体験においてキャッシュレス効果を前面に出すと、ユーザーは騙されていると感じがちだからです。騙されているかもしれないと感じたユーザーとは、企業は長期的な友好関係を構築できません。

キャッシュレス効果をUXに組み込む際には、ユーザーに安心して取引してもらうため、決済が安全に行われたことが明確にわかる仕掛けを導入しましょう。

すなわち、決済の進捗状況がユーザーにわかるように表示したり、決済対象のアイコンや説明文を表示したり、支払いマークやセキュリティロゴを決済ページに記載したりするのです。

ユーザーの負担を軽減するユーザー体験のデザインと、お金を使っているという感覚をバランスよく盛り込むことが重要なのです。

デザイン固着

「デザイン固着」とは、既存のデザインに過度に依存することで、デザイナーの創造的なアウトプットが制限される傾向です。

たとえば、仕事に慣れたデザイナーは短時間で多くのアウトプットを出すために、しばしば使い慣れたパターンやデザイン要素にこだわりがちです。その結果、さまざまなパターンのデザインを検討できなくなってしまい、同じようなビジュアルデザインばかり提案することになってしまうのです。

デザインの現場では、デザイナーがデザイン固着の状態に陥ることは珍しくありません。たとえば、「まったく新しい自動車をデザインする」というテーマが与えられたとき、「タイヤが4つある現在の自動車をベースにデザインを考え始める」こともまた、デザイン固着の一例です。このように、人はとかく、先入観に囚われがちなのです。

では、デザイン固着の状態から、どのように抜け出せばいいのでしょう。まず、重要なのは自分がデザイン固着に陥る可能性を意識しておくことです。これだけでも、デザイン固着から抜け出し、斬新なアイディアを生み出す一助になるかもしれません。

そのほかには、「動詞の抽象度を上げたり、より包括的な動詞に変えたりする方法」があります。

たとえば、「何かのものをごみ箱に接着したい」と聞かれたら、どのような方法を考えるでしょう。真っ先に頭に浮かぶのは、糊やテープなどの接着剤を使う方法ではないでしょうか。

しかし、「何かをごみ箱につけたい」と聞かれたら、どうでしょう。「接着する」のような具体的な動詞を、「つける」のような広義な動詞に変えるだけで、釘、紐、マジックテープなど、利用できる手段の選択の幅が広がるはずです。

このように、アイディアに行き詰まったら、動詞を置き換える、もしくはより包括的な動詞で表現しましょう。これにより、固まった思考を解きほぐすことができるのです。

デザイン固着から抜け出す手段(例)

接着する → ボンド 接着剤

つける → ボンド 接着剤 / 釘 / 糸

プロトタイプと一緒に使われる概念

プロダクトやサービスの開発では、プロトタイプ作成フェーズにおいて、さまざまな概念が使われます。アイディアを整理、検証し、プロダクトやサービスの情報を設計するためです。ここでは、このうちプロトタイプと混同しやすい概念として、「スケッチ」「MVP」「ワイヤーフレーム」「モックアップ」の4つを紹介しましょう。

1 スケッチと MVP

プロトタイプ作成のフェーズでは、「スケッチ」や「MVP（Minimum Viable Product）」といった概念がよく使われます。

スケッチとは、アイディアを表現、整理して、紙に描いたイメージのことです。プロトタイプ作成フェーズでは一般に、ステークホルダーの認識を共有するために使われます。

一方、MVP とは、実用可能な最小限のプロダクトやサービスです。MVP は一般に、「顧客価値があり、利益を生み出せる最小限のもの」と定義されます。

MVP は、経営コンサルティング会社 SyncDev の CEO であるフランク・ロビンソンによって提唱されました。その後、起業家のエリック・リースが著書『リーンスタートアップ』（日経 BP）において紹介したことで有名になったのです。

MVP は、プロトタイプ作成フェーズにおいて、ユーザーに使ってもらい、構築するべきプロダクトであるかを初期段階で検証するために作成されます。

2 ワイヤーフレームとモックアップ

プロトタイプ作成のフェーズではまた、「ワイヤーフレーム」や「モックアップ」といった概念もよく使われます。

ワイヤーフレームとは、プロダクトやサービス（Web サイトやアプリ）の UI のどこに、どのようなコンテンツが配置されるかを示した設計図です。ワイヤーフレームは、プロダクトやサービスの UI や情報設計を決めるために使われます。

一方、日本語で「模型」を意味するモックアップとは、外見を実物そっくりに似せて作られた実物大の模型です。Web デザインでは、ワイヤーフレームに色やデザイン要素が加えられたビジュアルイメージがモックアップと呼ばれます。モックアップは一般に、Web サイトの外見的なビジュアルイメージを確認するために使用されます。

なお、プロトタイプは、インタラクティブに動くモックアップと捉えることも可能であり、機能や操作性の検証にも使用されます。

5 章

ユーザー体験を
テストする・見直す

5-1 デザイン思考：テスト

5-2 UXピラミッド：UXデザインの評価指標①

5-3 UXハニカム：UXデザインの評価指標②

5-4 UI/UXの評価10項目：
ユーザビリティヒューリスティック評価

5-5 アイディア検証の11項目

5-6 ユーザーフローの設計

5-7 ユーザーエンゲージメント

5-8 デザイン的直感とデータの使い分け

5-9 情動ヒューリスティックとサンクコストの誤謬：
認知バイアス①

5-10 集団浅慮、ダニング＝クルーガー効果：認知バイアス②

5-11 UXデザインの「けもの道」

コラム⑤ アクセシビリティデザインのガイドライン

デザイン思考：テスト

ユーザーテストの流れ

デザイン思考における最後のプロセスである「テスト」では、プロトタイプを使って、ユーザーテストを実施します。

ユーザーテストはある意味、本格的なサービス提供開始前のリスクヘッジの役割を果たします。そのためテストでは、ユーザーからできるだけ多くの詳細なフィードバックをもらうことが重要です。

ユーザーテストは通常、「1. ターゲットの設定・確認」「2. テストシナリオの作成」「3. ユーザーテストの実施」「4. テスト結果の評価」「5. アクションの検討」という流れで進められます。それぞれ、具体的に見ていきましょう。

① ターゲットの設定・確認
② テストシナリオの作成
③ ユーザーテストの実施
④ テスト結果の評価
⑤ アクションの検討

1 ターゲットの設定・確認

テストのプロセスにおいて重要なのが、テスト実施前にターゲットとなるユーザーを設定することです。テストは、リリース後にユーザーになってくれる人に実施しなければ意味がありません。よくある失敗は、ターゲット像が漠然としたままにテストを実施して、テスト結果にバラツキが出ることです。ターゲット像が明確であれば、こうした失敗は避けられるでしょう。

2 テストシナリオの作成

　ユーザーテストのシナリオ作成には、2つのポイントがあります。1つは、ゴールを設定すること、すなわちテスト参加者がプロトタイプを評価する上での観点を明確にすることです。どのような観点で評価するのかを明確にせずにプロトタイプに触るだけでは、的はずれな意見が出かねないからです。もう1つのポイントは、制限時間を設けることです。プロトタイプを評価する上で、長すぎず、短すぎない、適切な制限時間を設定しましょう。

3 ユーザーテストの実施

　ユーザーテストの実施にあたっては、ユーザーには、感情を声に出してもらいましょう。ユーザーの生の声を聞くことで、ユーザー心理の細かな変化まで理解できるからです。サービスを使い始めてから使い終わるまで、ユーザー心理は細かく変化します。そうした変化を見逃さないようにすることがユーザーテストの実施では重要なのです。

＋ 気に入った点 （What I like）	― こうあって ほしかった点 （I wish）
? よくわからなかった点 （Things not clear to me）	💡 私ならこうすると 思うこと （I have better idea）

4 テスト結果の評価

　ユーザーテストの結果を評価する上では、評価表を用意します。評価表には、「気に入った点（What I like）」「こうあってほしかった点（I wish）」「よくわからなかった点（Things not clear to me）」「私ならこうすると思うこと（I have better idea）」の4項目を設けると効果的です。プロダクトやサービスの良さや改善点だけでなく、ユーザーのインサイトを理解できる項目も評価表に入れて、バランスよく設定するとよいでしょう。

5 アクションの検討

　ユーザーテストの結果から、次に取るべきアクションを検討します。デザインやユーザー体験をどのように改善するべきか、提供するバリューやターゲットを変更するべきかなど、ユーザーテストの結果からさまざまなアクションを取ることになります。テストの結果によっては、ときには、「プロジェクトの終了」も選択肢に入ってくるでしょう。

UXピラミッド：
UXデザインの評価指標①

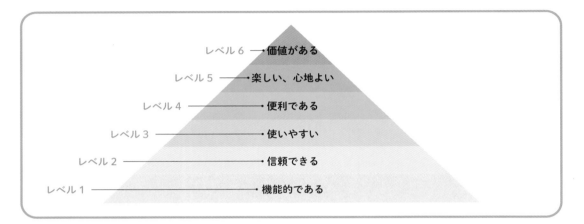

レベル6 ── 価値がある
レベル5 ── 楽しい、心地よい
レベル4 ── 便利である
レベル3 ── 使いやすい
レベル2 ── 信頼できる
レベル1 ── 機能的である

UXデザインの評価指標①＝UXピラミッド

UXデザインのクオリティを測る手法の1つに「UXピラミッド」があります。UXピラミッドを構成する6階層のうち、下の3つが実用性、上部3つが利用時の感覚を測る評価指標です。つまりUXピラミッドでは、実用性と利用時の感覚の双方からUXデザインの質を評価するのです。

UXデザインにおいて実用性を判断する指標は「1. 機能的である」「2. 信頼できる」「3. 使いやすい」の3つ、利用時の感覚を判断する指標は「4. 便利である」「5. 楽しい、心地よい」「6. 価値がある」の3つです。1〜3は客観的な指標、4〜6は主観的な指標と言えるでしょう。

客観的な指標と主観的な指標の評価

客観的な指標は主に社内のデザインチームを中心とす

るメンバーによるレビューで、主観的な指標はユーザーによるレビューで評価します。

客観的な指標における「1. 機能的である」については「バグやエラーがないか」「動作環境に対応しているか」「主要機能が実装されているか」など、「2. 信頼できる」については「操作速度に問題はないか」「コンテンツが最新で正しいか」「利用データが信用できるか」など、「3. 使いやすい」については「ユーザーを混乱させないか」「探しているものが容易に見つかるか」「使用時にマニュアルやヘルプが必要ないか」などをレビューすることになります。

一方、主観的な指標における「4. 便利である」については「自発的に使いたくなるか」「何度も使いたくなるか」「他のユーザーに勧めたくなるか」など、「5. 楽しい、心地よい」については「時間を使いたくなるか」「口コミで広げたくなるか」「日常生活に溶け込んでいるか」など、「6. 価値がある」については「生活や人生にインパクトを与えているか」「ポジティブな影響力があるか」

などをレビューします。

世の多くのプロダクトやサービスは実は、UX ピラミッドにおけるレベル 3 （使いやすい）の段階止まりとなっています。

逆に言えば、ヒットするプロダクトやサービスを生み出せるかは、レベル 4 以上の段階を達成できるかにかかっています。

レベル 4 以上を実現するためには、「問題なく使える」ことに満足せず、「心地よく使える」まで作り込むことが求められるのです。

レベル 1 機能的である (FUNCTIONAL)

きちんと機能するか
・バグやエラーがないか
・現代の動作環境に対応しているか
・主要な機能が実装されているか
・基本的なアクセシビリティをクリアしているか

レベル 2 信頼できる (RELIABLE)

見つけやすく正確であるか
・ロードスピードに問題はないか
・コンテンツが最新で正しい内容か
・利用されているデータを信用できるか
・パスワードのリセットは可能か

レベル 3 使いやすい (USABLE)

無理なく使えるか
・ユーザーが混乱しないか
・探しているものを無理なく見つけられるか
・利用するのにマニュアルやヘルプを使わなくてもよいか
・「裏技」を使わなくてもよいか
・サポートやコールセンターへの問い合わせが多すぎないか
・ユーザビリティにおける基本項目はクリアされているか

レベル 4 便利である (CONVENIENT)

求める内容を手軽に提供してくれるか
・自発的に使いたくなるか
・何度も使いたくなる要素があるか
・知り合いに勧めたくなるか、ポジティブなレビューをしたくなるか

レベル 5 楽しい、心地よい (PLEASURABLE)

周りの人に教えたくなるくらい楽しい体験ができるか
・ユーザーが時間を費やすか
・プロダクトやサービスを口コミで広げたくなるか
・プロダクトやサービスが、日常生活の一部になるレベルまで溶け込んでいるか

レベル 6 価値がある (MEANINGFUL)

個人的にも社会的にも重要な価値が感じられるか
・プロダクトやサービスが、生活や人生に大きなインパクトを与えるか
・プロダクトやサービスが、世の中にポジティブな影響を与えるか

UXハニカム：
UXデザインの評価指標②

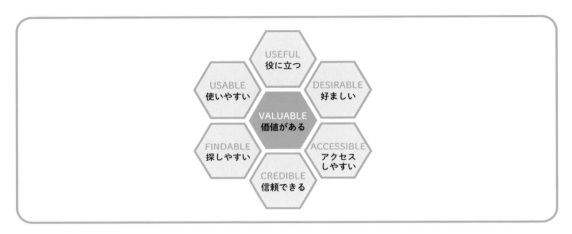

UXデザインの評価指標②＝UXハニカム

UX ピラミッドと同様に、UX デザインのクオリティ
を測る手法に UX ハニカムがあります。

UX ハニカムでは、「1. 役に立つ（Useful）」「2. 好ま
しい（Desirable）」「3. アクセスしやすい（Accessible）」
「4. 信頼できる（Credible）」「5. 探しやすい（Findable）」
「6. 使いやすい（Usable）」「7. 価値がある（Valuable）」
という 7 つの評価指標に基づいてデザインの質を評価
します。各指標ごとに評価し、最終的な総合得点によっ
てデザインの質を判断するのです。

UXハニカムにおける評価指標

それぞれの指標において、どのように評価するのかを
見ていきましょう。

「1. 役に立つ」については、プロダクトやサービスが
ユーザーの目的達成に役立っているかを判断します。

「2. 好ましい」の評価対象は、ビジュアル要素やイン
タラクションデザインです。これらがユーザーを惹きつ
けるデザインであれば、プロダクトやサービスはブラン
ドを確立できるでしょう。

「3. アクセスしやすい」では、身体的・精神的な能力
に関係なく、公平に閲覧でき、内容を理解できるかを検
討します。たとえば、色盲の人が識別しやすい色の使用
はこの指標の評価対象です。

「4. 信頼できる」では、プロダクトやサービス、ある
いは提供する企業のブランドイメージが評価の対象とな
ります。著名なブランドであれば、プロダクトやサービ
スに対する信頼性が上がりやすく、使用する際の心理的
ハードルも下がります。結果として、しばしば利用する
ユーザーの体験までよくなるのです。

「5. 探しやすい」では、ユーザーが求める情報にすぐ
にたどり着けるかを検討します。Web サイトであれば
ナビゲーションやページの構造、駅の案内表示であれば
設置場所や表示形式の見つけやすさ、わかりやすさ、間

違えにくさなどが評価の対象です。

「6. 使いやすい」では、設計や画面が必要以上に複雑だったり、機能が不十分だったりしていないかを判断します。たとえば、説明書を読まなければ使い方がわからない家電製品は"使いやすい"とは言えません。

そして「7. 価値がある」では、プロダクトやサービスの利用体験における感動が評価の対象です。ある意味、UXデザインの本質と言えるでしょう。優れたプロダクトやサービスには、その提供価値だけでなく、ユーザー体験をよりよく感じさせる付加価値が存在するのです。

UXハニカムの評価指標と質問

1 役に立つ USEFUL
・プロダクトやサービスがユーザーの役に立つか
・ユーザーのニーズを満たしているか

2 好ましい DESIRABLE
・プロダクトやサービスがユーザーにとって好ましいか

3 アクセスしやすい ACCESSIBLE
・身体の不自由なユーザー、障がいを持つユーザーなどにとって使いやすいか

4 信頼できる CREDIBLE
・プロダクトやサービス、提供企業が信頼できるか

5 探しやすい FINDABLE
・情報やコンテンツが見つけやすいか

6 使いやすい USABLE
・ユーザーは利用にストレスを感じないか
・設計や画面が複雑ではないか、機能が十分か

7 価値がある VALUABLE
・プロダクトやサービスに価値を感じるか

テスラのモデルSに見る「付加価値」 TIPS

テスラ（Tesla）のモデルSでは、走行中や運転手が車から離れたときに、ドアのハンドル自体が車体へ格納されます。

こうしたUXデザインは、機能的にも空気抵抗を減らすだけでなく、見た目にも美しく、運転手が車に近づいたときに「ハンドルが出てくる」という感動的な体験も提供します。

しかもこのUXデザインは、「盗難防止につながる」という付加価値を提供しています。つまり、ドアの取っ手がないことで盗難しづらい設計を実現しているのです。その結果、盗難の対象として避けられやすく、被害に遭いにくくなる効果が見込めます。

UI/UX評価の10項目：ユーザビリティヒューリスティック評価

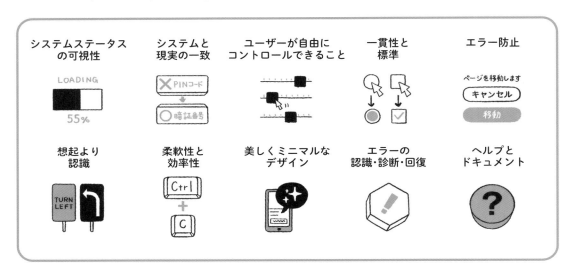

ユーザービリティを評価する10項目

インターネットが普及し始めたばかりの1994年頃、ユーザビリティ研究の第一人者であるジェイコブ・ニールセンとユーザビリティコンサルティング企業を創設したロルフ・モリッヒは、「ユーザビリティを評価する10項目」を発表しました。この評価指標では、「UXを考慮したUIデザインであるか」を10個の評価軸で評価します。すなわち、「1. システムステータスの可視性」「2. システムと現実の一致」「3. ユーザーが自由にコントロールできること」「4. 一貫性と標準」「5. エラー防止」「6. 想起より認識」「7. 柔軟性と効率性」「8. 美しくミニマルなデザイン」「9. エラーの認識・診断・回復」「10. ヘルプとドキュメント」の10項目によって、システムのユーザビリティを評価するのです。

現在のインターネットは当時と比べて大きく発展を遂げましたが、このユーザビリティを評価する10項目は現在も変わらず、システムのユーザビリティの本質を示しています。

UIデザイナーにとって、そのUIがなぜ優れているのかを分析し、説明する力は重要です。ユーザビリティを評価する10項目は、ある意味、主観的な視点や経験による個人差を排除するだけでなく、スピーディーな分析を可能にします。UIを分析・評価する際の基準として役立ててください。

なお、専門家による評価は「インスペクション評価」と呼ばれ、「ユーザビリティを評価する10項目」はインスペクション評価のうちの「ユーザビリティヒューリスティック評価」に該当します。専門家によるユーザービリティの評価は、ユーザーによる評価よりも、評価対象を柔軟に設定でき、実施のタイミングを選ばないため、取り入れやすいのが特徴です。

1 システムステータスの可視性

「システムステータスの可視性」では、「システム側でどのようなことが起こっているか」をユーザーに伝えているかを評価します。

人は未来が予想できない状況に立たされるとストレスを感じやすくなります。こうした事態を避けるために、システム側の状態を伝えることが重要なのです。

2 システムと現実の一致

「システムと現実の一致」では、システム上にユーザーに馴染みのある表現やデザインが使われているかを評価します。

現実の世界で慣れている表現やデザインがシステムの UI に取り込まれていると、ユーザーは機能や動きを予測できるため、利用のハードルが下がります。

PIN コード　▶　暗証番号

404 エラー　▶　ページが見つかりません

3 ユーザーが自由に
コントロールできること

「ユーザーが自由にコントロールできること」では、ユーザーが誤った行動を取っても、その行動を中断できるかを評価します。

たとえば、フォームの入力画面において、ユーザーの離脱を恐れて「戻るボタン」を付けないと、間違いが生じてもユーザーは修正できません。また、そのページに閉じ込められているように感じて、ユーザーはストレスを感じるでしょう。「画面を遷移する表示」や「操作を乗っ取る表示」を採用するときには、ユーザーが自由に操作できる余地を残しましょう。

送信しました　　　　　　　　　元に戻す

4 一貫性と標準

「一貫性と標準」では、UI デザイン内での一貫性、業界の標準や慣習との一貫性を評価します。

たとえば、閉まりかけたエレベーターの扉を再度開けようと「開く」ボタンを押したときに反応しないなど、システムが期待と異なる挙動をしたらユーザーは困惑します。これは、人の脳が「開く」ボタンの使い方を学習しているために起こるのです。

5 エラー防止

「エラー防止」では、あるエラーが「不注意（スリップ）」によるものか、「機能不全（ミステイク）」によるものかを評価します。

不注意によるエラーは、ある程度予測できるため、システム側でエラーを防止したり、対策を立てたりすることが可能です。一方、機能不全によるエラーは、UI/UX デザインの意図がユーザーに十分に伝わらず、ユーザーが誤った認識を持っているときに起こりがちです。

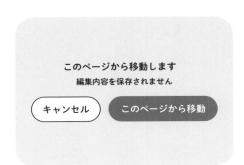

6 想起より認識

「想起より認識」では、ある UI/UX デザインがユーザーの記憶に頼りすぎていないかを評価します。

たとえば、入力フォームにラベル表示がなく、入力フォームのプレイスフォルダにのみラベルが表示されていると、入力を開始するとラベルが消えます。このようにユーザーの記憶に頼りすぎる UI/UX デザインは避け、予測できる選択肢をユーザーに提示したり、チュートリアルやヘルプを後からでも確認できたりする仕様にしましょう。

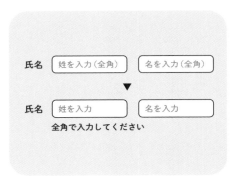

7 柔軟性と効率性

「柔軟性と効率性」では、初心者にとっても熟練者にとっても、最適な操作方法が用意されているかを評価します。

たとえば、アプリケーションにショートカットキーと UI ツールの両方を用意しておけば、初心者はボタンをカーソルでクリックし、熟練者はショートカットで操作するなど、ユーザーのレベルに応じて快適な使い方を選べるのです。

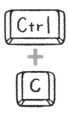

8 美しくミニマルなデザイン

「美しくミニマルなデザイン」では、過度な装飾を控えて、必要な情報が適切な順位で表示されているかを評価します。

情報設計によって、本質的に必要な情報や価値を絞り込み、不要な情報というノイズを取り除けば、ユーザーは困惑することなく、正しく操作できます。またビジュアルデザインも、伝えたい情報と乖離することなく、ノイズにならないように心がける必要があります。

9 エラーの認識・診断・回復

「エラーの認識・診断・回復」では、エラーが発生したときに、ユーザーにどのようにエラーの発生を伝えているかを評価します。

エラーの発生は一般に、エラーコードではなくメッセージの表示によってユーザーに伝えるほうが親切です。メッセージには専門用語の使用を避けて、わかりやすい文章で解決策を伝えます。その際、イラストや赤字や太字などを使用して、視覚的にもわかりやすく伝えるとよいでしょう。

10 ヘルプとドキュメント

「ヘルプとドキュメント」では、ユーザーが説明を求めた時に、ユーザーをサポートするものが適切に提供されているかを評価します。

説明が必要ないほどわかりやすい UI/UX デザインであることが望ましいものの、ユーザーがヘルプやドキュメントの提供を求めることもあります。そのため、ユーザーが必要なタイミングで容易に見つけられる場所に、ヘルプやドキュメントを配置しなくてはなりません。

アプリケーションのヘルプは、オンボーディングやツールチップのように使用中にポップアップするタイプと、サポートページやヘルプページのようにユーザーが自らアクセスするタイプがあります。どちらも、ユーザーの目的達成を支援します。

アイディア検証の11項目

課題の振り返り	一言で表現	メリットを明確に	リサーチ
プロトタイプ作成	インタビュー	ユーザーを探す	特徴を作る
初期ユーザーを獲得	アイディアをピッチ	持続可能か	

アイディアの客観的な評価

　客観的な評価が重要なのは、UI/UXデザインに限りません。新たなプロダクトやサービスのアイディアもまた、その実現に向けて動き出す前に客観的に評価する必要があります。

　ここでは、多くのスタートアップ企業と関わってきた経験から、プロダクトやサービスのアイディアを客観的に評価する上で検証するべき項目を紹介します。

　これら11項目を事前に実施しておくことで、アイディアの問題点や実現性、アイディアを実現する上で必要なコストや時間などが明確になってくるはずです。

　アイディアの検証では多角的に評価することが求められるのです。

1 解決しようとしている課題を振り返る

　プロジェクト失敗の理由で多いのが「市場が求めないものを作ってしまう」ことです。ユニークさを追求するあまり、誰もほしくないものを作ってしまうこともあるのです。

2 具体的な特徴を一言で表現する

　プロダクトやサービスの具体的な特徴を、対象ユーザー像や提供価値などを含めた形で、簡潔に説明できることは重要です。特徴を簡潔に説明できるということは、ユーザーに伝えるべき魅力が明確になっているということだからです。

3 ユーザーに与えるメリットを明確にする

アイディア発想において何より重要なのが、ユーザー視点に立つことです。プロダクトやサービスを使うことによるユーザーのメリットを具体的かつ客観的に考える必要があります。

4 似た課題に取り組んだ前例と結果をリサーチする

過去に似たようなユーザーの課題解決にアプローチした事例が存在することもあります。教訓として事例に学び、成功・失敗の理由や要因を理解しておくことも重要です。

5 プロトタイプ作成に必要な時間を見積る

アイディアをユーザーテストによって検証する際に必要なのがプロトタイプです。作成に必要な時間の算出は、より現実的なロードマップを作ることにもつながります。

6 潜在ユーザーへのインタビューを実施する

ニーズの高いサービスを作るには、早期から潜在ユーザーにインタビューすることが重要です。インタビューの結果を反映させることで、アイディアがさらに磨かれていきます。

7 一番最初に使ってくれるユーザーを探す

プロトタイプは、まずは使ってもらわなければ、フィードバックが得られません。プロトタイプができたら、まずは家族や友人など、身近な人たちに利用してもらいましょう。彼らから積極的にフィードバックをもらうのです。

8 他社が真似しにくい特徴を探す

アイディアの再現性が高いと真似されやすく、生き残れない可能性があります。徐々にでも、自分たちにしかできない強みや特徴、ユーザーを囲い込む戦略といった、市場の参入障壁を作っておきたいところです。

9 初期ユーザーの獲得方法を決める

忘れてはならないのが初期ユーザーの獲得方法です。人気サービスですら、初期は地道にユーザーを獲得しています。まずはどのように最初の100人を集めるかを考えておきましょう。

10 アイディアをピッチしてみる

アイディアの魅力を伝える最も効果的な方法がピッチです。特に、サービスに関する知識がない人にピッチするとよいでしょう。数分のピッチで、何も知らない相手に内容と魅力が伝われば、第1段階はクリアです。

11 持続可能であるかを振り返る

新たなチャレンジには"ひらめき"も重要になりますが、ひらめきだけで成功するのは難しいでしょう。"何"をやるかと同じくらい、"どのように"やるか、"どうすれば"やり続けられるかが重要なのです。

その他：好きになれるか、楽しいか

上記に加えて見落とされがちでありながら重要なのは、"好きになれるか""楽しいか"です。仕事でも楽しめなければ長続きせず、質も上がらないからです。実際、多くの人に愛されるプロダクトやサービスが遊びの延長からスタートしていることは珍しくありません。

ユーザーフローの設計

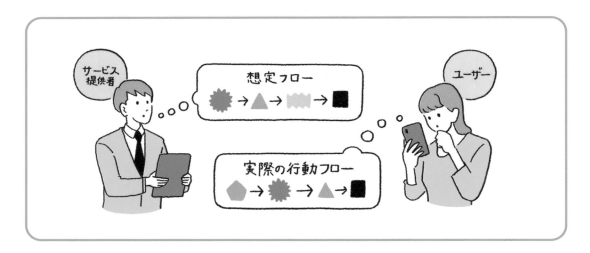

ユーザーフローの設計

UXデザインのプロセスの1つに、ユーザーフローの設計があります。

ユーザーフローとは、プロダクトやサービスを使用・利用する上でユーザーがたどる必要のあるプロセスです。ユーザーフローの設計では、こうしたプロセスを明確にすることで、一連の"流れ"に抜け漏れがないようにするのです。

ユーザーフローの明確化にあたっては通常、「ユーザーフロー図」と呼ばれる、プロダクトやサービスを利用する上でのユーザーの動きをマッピングして可視化した図を作ります。

ユーザーフロー図の作成におけるポイントは大きく、「1. ユーザーゴールを設定する」「2. タスクフローを作成する」「3. タスクとアクション/画面をワイヤーでつなげる」の3つです。

ユーザーゴールの設定で最も重要なのは、「最終的にユーザーに何を達成してもらうためのユーザーフローなのか」を決めることです。あたりまえのように思うかもしれませんが、実は、これが明確になっていないケースが少なくありません。そして、ゴールが不明瞭だと、誤ったユーザーフローを設計してしまう可能性があるのです。

ユーザーゴールを設定したら、「ユーザーゴールを達成するために必要なタスクの流れ＝タスクフロー」を明確にします。このとき、「ユーザーの行動＝アクション」と、「ユーザーの決定＝デシジョン」を分けて考えることが重要です。

タスクとアクション/画面をつなげる際には、必要とされるアクションや操作画面を線で結びつけることになります。この時、適宜、簡単な注釈を入れることで、ユーザーにとってもらいたいアクションや思考がより具体的に可視化されます。

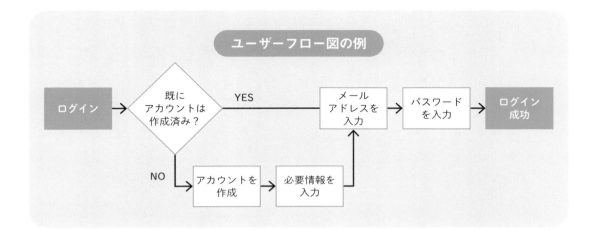

視覚化されたユーザーとのギャップ

ユーザーフロー図を作る最も大きなメリットは、サービス提供側とユーザーのギャップを埋められることです。ユーザーフローの設計では想像以上に機能の漏れやタスクの抜け漏れが発生しやすく、それが大きな問題へとつながることが少なくありません。

かつて実施したワークショップで「コーヒーを飲むま

でのプロセス」を3名の方に考えていただいた例を以下に紹介しました。この例では、ユーザーの趣味嗜好やバックグラウンドによって違いが生まれました。つまりユーザーフローの設計は、人によって知識や関心、能力に差があることを配慮して取り組む必要があるのです。どれだけシンプルなタスクでも、フローにはいくつかのオプションが存在します。理想的なパターンのみを想定すると、見落としが発生しやすくなるのです。

1人目 日本人スタッフ（30代）	2人目 アメリカ人スタッフ（30代）	3人目 日本人スタッフ（20代）
1. お湯を沸かす 2. コーヒー豆の種類を選ぶ 3. 豆を煎る 4. フィルターに粉をセットする 5. お湯を注ぐ 6. 少し待つ 7. カップにコーヒーを注ぐ	1. 良いコーヒーの木を探す 2. 農家の方と売買交渉をする 3. 豆を木から採取する 4. フィルターにかける 5. 良い豆だけを集める 6. 豆を乾燥処理する 7. 豆をローストする 8. 豆をパッケージに詰める 9. 良いロケーションの店舗で売る 10. 買う際に香りを確かめる 11. 選んだ豆を買う 12. グラインドして淹れて飲む	1. 自販機を探す 2. コーヒーを選ぶ 3. 飲む

ユーザーエンゲージメント

ユーザーエンゲージメントの基本

ユーザーエンゲージメントとは、プロダクトやサービスに対するユーザーの愛着や関係の強さを示す言葉です。

ユーザーエンゲージメントを高める上で重要なのは、優れたユーザー体験の提供です。その第一歩は、「ナビゲーションがわかりやすい」「コンテンツが見やすい」といったユーザービリティの基本です。

その上で、「説得する材料」「感情に訴える要素」「信頼性を担保する要素」の3つをプロダクトやサービスに盛り込むことにより、エンゲージメントを高められるのです。

ここでは、これら3要素を含む6つの心理学的構成要素として、「選択肢の数」「集団心理」「限定もの」「人の顔」「物語」「簡単な行動」の活用方法を簡単に紹介しましょう。

選択肢が多いと選ぶエネルギーが必要になる

選択肢は多ければ多いほどよいわけではありません。

これを示す有名な例に、「ジャムの法則」があります。ジャムの法則によれば、人は選択肢が多すぎると選択することに精神的なプレッシャーを感じてしまい、行動を起こさなくなってしまいます。プロダクトやサービスの選択においても同様です。ユーザーに余計なプレッシャーを与えないように選択肢を減らすのも手でしょう。

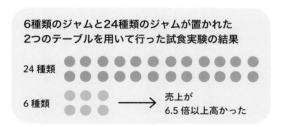

6種類のジャムと24種類のジャムが置かれた
2つのテーブルを用いて行った試食実験の結果

24種類

6種類　→　売上が
6.5倍以上高かった

集団心理を活用し安心感を与える

　誰もやったことのない行動を起こすには勇気が必要です。

　たとえば、Web サイト上の気になった商品にレビューが付いていないと、おそらく購入率は落ちるでしょう。逆に、他人も同じ行動を起こしているとわかると、人は行動を取りやすくなります。

　またレビューや口コミの信頼性が高く、内容が詳しいほど、ユーザーは行動を起こしやすくなります。家族や友人のように信頼している人、専門家のように権威のある人からの情報があると、人は行動を起こしやすくなるのです。

限定ものは行動を喚起させやすい

　数量限定のプロダクトや期間期限のコンテンツなど、今しか手に入らないものに価値を感じるユーザーは少なくありません。

　たとえば、ユーザーを焦らせるために「このページは現在、他にも 3 人のユーザーが見ています」などのメッセージを表示するサービスを見かけることがあります。

　こうしたメッセージを見たユーザーの脳は、「今すぐ行動を起こさないと機会を失ってしまう」というシグナルを発し、プレッシャーによって行動を起こそうとするのです。

無意識のうちに人間の顔に目がいく

　脳には人の顔を区別する「紡錘状回顔領域」と呼ばれる領域があります。この脳の機構によって、人の顔は他のものよりも優先的に処理されるため、人の視線は自然と顔に向きやすいと言われています。

　そのため、人の顔の画像をビジュアル要素として使えば、人の視線を惹きつけやすくなります。ただし、商品パッケージにはしばしば人の顔の画像の使用は好まれないため、使い分けも必要です。

物語によって感情に働きかける

　ストーリーテリングは情報を伝えながら、ユーザーのエンゲージメントを促します。

　このアプローチはスティーブ・ジョブズがプレゼンでよく使っていたので、知っている人も多いでしょう。人の脳には感情を伴う記憶が残りやすく、人は心を動かされた物語に知覚価値を感じます。

　そして、ユーザーの記憶に残るプロダクトやサービスには、「今は必要としないユーザーも必要になったタイミングで思い出してもらいやすい」というメリットもあります。

簡単な行動を少しずつ起こさせる

　ユーザーに簡単な行動を少しずつ取らせることで、段階を踏んで求める行動へと導くアプローチも有効です。

　小さな行動を起こさせることにより、ユーザーをその気にさせるのです。たとえば、「無料資料請求」や「無料サンプルダウンロード」などは、こうしたアプローチを採用しています。

デザイン的直感とデータの使い分け

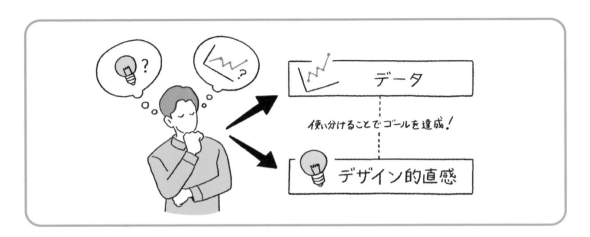

データの強みとリスク

　データの強みは、具体的な数値で良し悪しを示せることです。デザインのプロセスにおいて、ユーザーの動きの数値化は重要な役割を果たします。たとえば、サービスのバグやユーザーが離脱しているボトルネックを探すときにも有効です。

　一方で、データを信じすぎてしまうことにはリスクも伴います。特定のコンバージョンのみを重視しすぎると、全体のデザインやブランディング、ユーザー体験を損ねる可能性があるからです。データに基づく意思決定がつねに正しいとは限らないのです。

デザイン的直感の強みとリスク

　誤解されがちですが、デザインは必ずしもデザイン的直感によってのみ行われるわけではありません。デザインの多くは、ロジックに基づいて行われており、そこで

求められる感性や知識はインプットや思考によって培われます。デザイナーになるには、必ずしも先天的な才能が必要なわけではないのです。

　ではどのようにすれば、デザインに求められる感性や知識をインプットできるのでしょう。

　たとえば、周囲に最大限の注意を払うことは、デザイン的直感の発見につながります。「どうしてこうなっているのだろう？」と考えていくうちに、多くのプロダクトやサービスに特定のパターンがあることに気が付きます。

　こうした経験や思考を積み重ねていくことがデザイン的直感を形作るのです。直感もまた、経験や思考によって研ぎ澄まされたデザイン的な感性から生じているに過ぎません。

　データだけでは気づけないことに気づき、柔軟な発想を可能にするのはデザイン的直感の本質的な強みです。ただし、デザイン的直感には抽象的な部分もあり、論理的な説明が難しいこともあります。

明確な意図を持たずに説得力のあるデータだけに頼ったり、見栄えが良いだけで必要性に乏しいデザインを採用すると、目的を達成できない恐れがあります。重要なのは、目的に応じて、どちらを優先するべきかを判断することなのです。

データを利用するのは

データを利用するのは、まずユーザーの行動を分析する時です。デジタル上のユーザーの動きを分析する際に頼るべきはデータです。人間の95％の動きは無意識で行われており、ユーザーの動きを詳細に把握できるデータを有効活用することで、ふだん見えていない事実まで見えてくる可能性があります。

また、全体に大きな影響を与えない部分の変更に関する意思決定には、データを利用しましょう。たとえば、ホームページのヘッダーのキャッチコピーや小さなデザイン要素の変更は、A/Bテストの結果データを利用して決めるのです。

デザイン的直感に頼るのは

デザイン的直感に頼るのは、まずサービス全体のクオリティに関わる決定をする時です。たとえば、ボタンを3pixel左にずらすことで、ユーザーの行動データが大きく変わることはないでしょう。しかし、こうした細かな調整が、全体のデザインのクオリティ向上につながります。

ブランド形成の状況もまた、A/Bテストやユーザーの行動データによっては計測できません。ブランドを形成する上では、デザイン的直感に基づいてデザインを研ぎすませ続ける必要があります。こうした、長期間に渡る地道な努力が評判につながり、ひいてはブランド形成につながるのです。

データとデザイン的直感、どちらを採用すべきか？

データ	ユーザーの行動を 分析する時 ・デジタル上のユーザーの動きを分析する際に頼るべきはデータである。データの有効活用により、ふだん見えていない事実までしばしば見えてくる	小さなオプションに関して 決定する時 ・ホームページ上のキャッチコピーや小さなデザインなど、全体のブランディングに大きな影響を与えない部分の変更はデータから意思決定する
デザイン的直感	プロダクトやサービスの質に関して 決定する時 ・サービス全体のクオリティに関わる決定をする時には、デザイナーの直感を頼るべき。細かな調整は、全体のクオリティ向上につながる	長期間のブランド形成に 関わる時 ・ブランド形成の状況は、簡単に計れない。デザイン的直感により評判を積み重ねてはじめてブランドは形成される

情動ヒューリスティックとサンクコストの誤謬：認知バイアス①

情報ヒューリスティック　　　　サンクコストの誤謬

認知バイアス

「認知バイアス」とは、認知心理学や社会心理学の分野の用語であり、人間の直感やこれまでの経験による思い込み、先入観から非合理な判断に至る心理現象を意味します。

認知バイアスは日常のあらゆる場面に溢れていますが、同時に専門家でも言語化が困難な概念です。この項目と次の項目では、比較的信憑性が高く、デザインに関連のある認知バイアスを解説します。

情動ヒューリスティック

「情動ヒューリスティック」とは、人が現在持っている感情に基づいて意思決定する傾向です。心理学用語であるヒューリスティックは、複雑な問題を解決するために人間が暗黙的に用いる処理を意味し、経験則とほぼ同義です。

情動ヒューリスティックによれば、ある事象に対してポジティブな感情を抱いていると、人は楽観的になり、メリットが高く、リスクが少ないように感じて、同時に経験則で捉える傾向が高くなります。反対に、ある事業に対してネガティブな感情を抱いていると、人は悲観的かつ分析的になり、メリットが低く、リスクが高いと感じやすくなります。

なお、このバイアスのポジティブな傾向を切り出した類似概念に、「楽観バイアス」があります。楽観バイアスは、自分自身の行動や能力を実情よりも楽観的に捉えたり、リスクや脅威などを認識しながらもそれらを軽視したりする心理的な傾向です。

新規プロジェクトにおける取り組みへの印象を例に、情動ヒューリスティックを解説してみましょう。ある企業において、イノベーションに向けた新しいプロジェクトが始まったとします。詳細を聞いたときに、プロジェ

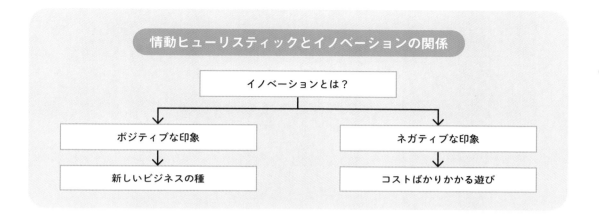

情動ヒューリスティックとイノベーションの関係

イノベーションとは？

ポジティブな印象

新しいビジネスの種

ネガティブな印象

コストばかりかかる遊び

クトの関係者たちが抱く印象は人によって異なるはずで
す。

　イノベーションに対してポジティブな印象を抱く人
は、他の人と比べて「リスクは低く、成功する可能性が
高い」と捉えます。そしてネガティブな印象を抱く人は、
他の人と比べて「リスクが低く、成功する可能性が低い」
と捉えるのです。これが情動ヒューリスティックなので
す。

　情動ヒューリスティックを回避するには一般に、以下
のような問いを自らに投げかけるのが有効とされていま
す。

・特定の事象に対して主観的な愛着が湧きすぎてない
　か？
・理性が感情を上回っていないか？
・感情に流された決断をしていないか？

サンクコストの誤謬

　「サンクコストの誤謬」とは、これまでに投資した時
間とお金を惜しむあまり、かけたコストよりも最終的に
得られるメリットが少なくても、コストをかけ続けてし
まうという不合理な意思決定をする傾向です。

　たとえば、コンコルドという超音速航空機を作るプロ

ジェクトでは、燃費の悪さと定員の少なさから採算が合
わないことが途中で判明しました。にも関わらず、すで
に巨額の予算と人員を投入していたことから後に引けず
に完成に至ったのです（その後、収益改善が見込めない
ことなどから運行停止が決定）。これこそがサンクコス
トの誤謬であり、それゆえに「コンコルド効果」と呼ば
れることもあります。

　サンクコストの誤謬はわかりやすく言い換えれば、損
切りの意思決定ができないことによる損の上塗りです。
たとえば、ある企業は、市場調査やユーザーリサーチで
あまり良い結果を得られなかったにも関わらず、プロダ
クトが完成したためにリリースしました。案の定、売上
が伸び悩んだために、高額な費用をかけてデザインをリ
ニューアルし、広告を出稿しましたが、売上は上向きま
せんでした。このように、今まで費やしたコストや時間、
人員や労力を惜しみ、最終的にさらに損失を大きくする
ことがサンクコストの誤謬なのです。

　サンクコストの誤謬を回避するには一般に、以下のよ
うな問いを自らに投げかけるのが有効とされています。

・思い入れのある仕事とはいえ、感情移入しすぎていな
　いか？
・外部からプロジェクトを観ていたら、プロジェクトを
　止めるか？　それとも継続を提案するか？

集団浅慮、ダニング＝クルーガー効果：認知バイアス②

集団浅慮

「集団浅慮」とは、集団での合意形成が、不合理になる傾向です。これは、親密度が高く、つながりの強い集団では合意形成が容易である一方、異議を唱えると孤立やリスクを感じやすくなるためだと考えられています。そして、異議を唱えにくい集団での決定は、リスクを見過ごす可能性を孕んでいます。

集団浅慮に陥っている組織では、しばしば潜在的な可能性や影響を十分考慮しきれないままに「全員一致の意見」を採用して判断を誤ります。

たとえば、会議において、ある人が意見を出します。自分は賛同できないと思ったものの、他の出席者が賛同しているのを見て、発言を控えてしまいました。自分と同じように考えている人がいるのかわからないと感じたためです。集団浅慮に陥っている組織では、こうした現象がよく起こるのです。

このように、集団浅慮の影響を受けると、チームの合意を変えたくないという配慮が強く働いて、異議を出しにくい状態が助長されます。そして、決定を揺るがす意見に対して排他的になったり、異議を申し立てる人にネガティブな偏見を持ったりすることもあります。

集団浅慮に陥りやすい組織の条件は、「強いリーダーシップを握る特定の人がいる」「情報が不透明で外から把握しづらい」「ストレス負荷が高い」などです。そして、集団浅慮を回避するには一般に、以下のような問いを自らに投げかけるのが有効とされています。

・皆が意見しやすい環境にするにはどうすればいいだろう？
・自分が正しいと思う選択より、周りからどう思われるかを重視していないだろうか？
・何を言ったかではなく、誰が言ったかで決めていないか？

ダニング=クルーガー効果

「ダニング＝クルーガー効果」とは、自分の能力不足を認識することが難しくなる傾向です。自己評価の肥大につながるため、自信過剰バイアスとも呼ばれます。

ダニング＝クルーガー効果に陥った人は、自己の能力を客観的に評価できずに、間違った選択をしがちです。間違いに気付く能力もなく、ネガティブスパイラルに陥るのです。

ダニング＝クルーガー効果は、経験が浅く、未熟な人に強く現れると考えられています。たとえば、若手のデザイナーが、時間をかけて作ったデザインを自信満々でプレゼンしたにも関わらず、あまり良いフィードバックをもらえませんでした。彼は、クライアントや上司の見る目がないと、デザインの評価やフィードバックに耳を傾けません。

このように、ダニング＝クルーガー効果に陥り、自分が優秀であるとおごっている人は問題を起こしたり、自らの成長機会を失ったりするリスクがあります。

ダニング＝クルーガー効果を回避するには一般に、以下のような問いを自らに投げかけるのが有効とされています。

・広い視野を持って取り組んでいるか？
・自らを客観視できるように、数値化や可視化をしているか？
・このアイディアや決断を吟味するために頼れる専門家はいるか？

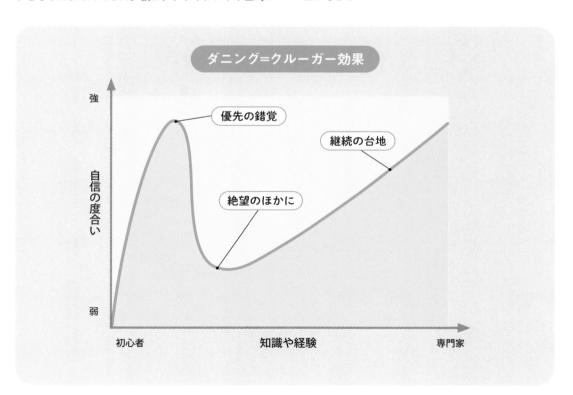

ダニング=クルーガー効果

優先の錯覚

継続の台地

絶望のほかに

強

自信の度合い

弱

初心者　　　　知識や経験　　　　専門家

UXデザインの「けもの道」

UXデザインの「けもの道」とは

「けもの道」とは一般に、国や自治体などが認定しておらず、舗装されていない歩道や自転車道を指します。多くの場合、けもの道は山や草地などに現れ、すでに存在する公式ルートに対する近道となります。

けもの道は、多くの人や自転車が定期的に通ることによって作られます。一旦、けもの道の痕跡が見られるようになると、さらに多くの人がそこを通るようになり、道が形成されていきます。そして、けもの道が時間の経過とともに、公式ルートとして採用されるようになることも少なくありません。

けもの道はデザインにもあり、英語で Desire Paths と呼ばれます。デザインのけもの道とは、「ユーザーはこう使うだろう」もしくは「ユーザーにこのように使ってほしい」というデザイナーの想定や願望と、実際のユーザーが望む利用方法がズレている現象です。つまり、デザインの意図とユーザー体験が相反する場合に生まれるのです。

デザインのけもの道は、特に UX デザインの現場で頻繁に発生します。

たとえば Web ページにおいて、ボタンの位置、ページのレイアウト、ボタンの名称、コンテンツ、機能設計、デザインヒエラルキーなどが不適切だと、ユーザーは目指すページにたどりつけません。あるいは、ユーザーがデザイナーが想定していた導線を理解できていないと、ナビゲーションを利用できずに毎回サイトマップから該当ページにたどりつきます。

このようにデザイナーが本来想定していた使い方をユーザーが理解してくれない状況が、UX デザインのけもの道が生じている状態です。言い換えれば、ユーザーはデザイナーが用意したまどろっこしいルートではなく、手っ取り早く目的にたどり着ける、より直線的な近道がほしいのです。

けもの道を見つけるのが、1章で紹介したユーザーリサーチの役割です。ユーザビリティテストなどを活用したユーザーリサーチは本来のデザインの意図とは異なる「けもの道」がどこに隠されているかを特定するための重要なプロセスなのです。

あえてユーザーにけもの道を作らせる

サービスデザインにおいては、けもの道を逆手にとるアプローチもあります。導線をあえて作り込まずに、ユーザーに自由に使ってもらい、様子をきちんと観察、分析して、分析結果を踏まえて適切な導線をデザインするのです。

現 Instagram の前身である Burbn がその好例です。もともと Burbn は、多機能なチェックイン型の SNS サービスとしてリリースされました。しかし、リリース後に事業者は、多くのユーザーがサービスの写真フィルター機能ばかりを利用していたことに気づきました。そこで、サービスを写真共有機能に特化する形に全面的に作り替えて、Instagram として再リリースすることで大成功を収めたのです。

このように、まずはサービスを提供して、利用方法をあえてユーザーに委ねて彼らの行動から適切な「道」を見つけて、改めてデザインし直すサービスも増えています。

ユーザーがどのように使うかで評価が決まる

プロダクトやサービスのデザインでは、どのように見えるかではなく、どのように使われるかが最も重要な評価基準となります。

たとえそのプロダクトやサービスが美しく、デザイナーのこだわりが詰め込まれていても、ユーザーがデザイナーの意図と異なる使い方をしていたら、優れたデザインとは言えません。

デザイナーに求められるのは、ユーザーの動きをしっかりと観察し、彼らの動きに応じて最適なデザインを施すことです。

それには、デザイナーが自らの意図に固執しすぎずに、ユーザーが望む導線を臨機応変に提供する姿勢が求められます。

特にサービスのデザインでは、仮説に基づいて最善なデザインを施し、ひとまずリリースし、ユーザーがどのようなけもの道を作るかを観察しましょう。

その上で、彼らの動きに応じて「アスファルトを敷いていく」のが最適なデザイン手法なのかもしれません。

アクセシビリティデザインのガイドライン

アクセシビリティを実現する上では、ユーザー設定、動画・音声ファイル、色、HMTL、操作性などについて、一定のガイドラインに沿ってデザインすることが重要になります。

ここでは、アクセシビリティデザインのガイドラインを5つ紹介しましょう。

1 利用するユーザーの想定を広げる

アクセシビリティデザインでは、多様なユーザーへの配慮が求められます。「視覚」「聴覚」「身体」などにハンディキャップを有するユーザーでもアクセス可能であり、公平に情報を入手できる状態が望ましいとされています。

2 動画や音声ファイルについては文字起こしも一緒に提供する

アクセシビリティデザインでは、音楽や動画の音声の聞き取りが難しい人への配慮が求められます。字幕やキャプションを提供し、多くのユーザーが同じ情報にアクセスできる状態が望ましいのです。難解な表現、専門的すぎる内容は極力さけ、すべてのユーザーが理解できることを心がけましょう。

3 色の扱いに気をつける

アクセシビリティデザインでは、色のコントラストを区別しづらい人に配慮して、使用する色にも気を配りましょう。たとえば、パステルカラーの背景に白いテキストを重ねた表現はコントラストが弱いため、色盲の人にとって見辛い要因となります。

4 HTMLを適切にマークアップする

アクセシビリティデザインでは、ユーザーがさまざまな環境で利用することを配慮して、あらゆる環境で同じようにアクセスできるようにしましょう。たとえば、画像には alt 属性を設定すれば、スクリーンリーダーでの読み上げが可能になります。また、HTMLを適切にマークアップして、漏れがないようにバリデーションツールなどを利用してチェックしましょう。

5 キーボードで操作できるようにする

アクセシビリティデザインでは、環境的にキーパッドやマウスの操作が難しいユーザーに配慮しして、キーボードとマウスのどちらでも操作できるようにしましょう。すべての人に対して提供されるサービスは、「インクルーシブデザイン（「6-12 インクルーシブデザイン」を参照）に配慮したアクセシビリティが求められるのです。

6章

6章

**ブランド・デザインを
伝える・測定する**

6-1　顧客体験（CX）の考え方

6-2　ブランディングの考え方

6-3　ブランドの構成要素

6-4　ブランディングのプロセス

6-5　リーンブランディング

6-6　デザインとブランディング

6-7　ブランド価値の測定

6-8　UXライティング

6-9　エシカルデザイン

6-10　アクセシビリティ

6-11　ユニバーサルデザイン

6-12　インクルーシブデザイン

コラム⑥ ユニバーサルデザインのプロダクト事例

コラム⑦ インクルーシブデザインのプロダクト事例

顧客体験（CX）の考え方

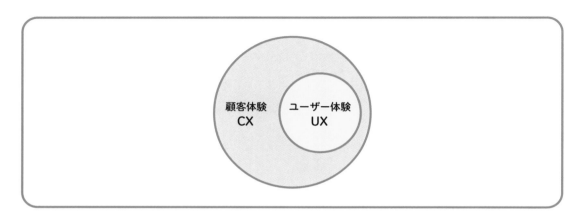

顧客体験の考え方

近年、本書でも幾度となく登場してきた「ユーザー体験（UX：User Experience）」だけでなく、「顧客体験（CX：Customer Experience）」の重要性が高まっています。ユーザー体験ではエンドユーザーの体験に焦点を当てるのに対して、顧客体験では企業と顧客との接点に焦点を当てます。

ただし、顧客がユーザーに代わって購入しているなど、顧客とユーザーが異なる可能性もあります。たとえば、「おもちゃ」のメインユーザーは子供ですが、購入するのは親や祖父母であることが多いでしょう。そのためおもちゃの場合、UX デザインの対象は子供であるのに対し、CX デザインでは、子供だけでなく、その家族も対象となります。

CX デザインのゴールは、顧客と企業とのすべての接点における体験の質を上げることです。したがって、顧客との最初の接点からリテンションに至るまで、全やりとりが CX デザインの対象となります。その過程では、マーケティング戦略の立案やビジネス目標の設定と、その達成に向けたアクション設計など、より広範囲な接点を包括的かつ定量的に設計していく必要があるのです。

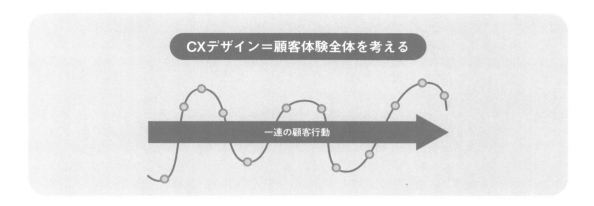

CXデザイン＝顧客体験全体を考える

一連の顧客行動

顧客体験とユーザー体験の連携

オンラインとオフラインがつねに連動する現代のライフスタイルにおいて、顧客やユーザーにシームレスな体験を提供するには、顧客体験とユーザー体験の連携が不可欠です。そしてそのためには、一般的なビジネスゴールを設定すると同時に、企業やブランド全体の体験に対するゴールも設定する必要があります。

たとえば、家具やインテリア用品を販売するニトリでは、新たな購買体験の提供を目指して、Web サイト上に実店舗に模した「バーチャルショールーム」を公開しています。バーチャルショールームでは、空間を移動し

ながら商品を自由に閲覧し、そのままオンラインストアで購入できるようになっています。

顧客体験とユーザー体験の連携の狙いは、ユーザー体験でズームイン、顧客体験でズームアウトするイメージかもしれません。CX デザインでは体験全体を見える化し、UX デザインでは各タッチポイントにおける体験を見える化するのです。

CX デザインと UX デザインの役割には多少の違いはあるものの、顧客体験とユーザー体験の連携が今後ますます重要になっていくことは間違いないでしょう。そしてそのためには、UX デザインに CX デザインの視点を取り入れる必要があるのです。

ブランディングの考え方

ブランドとブランディング

　ブランドを一言で表すと「顧客を含むステークホルダーとの約束」であり、ブランディングとはその約束を交わし、守るための活動です。そのためブランディングでは、ユーザーに提供する体験のすべてを正しく演出し、価値を作り上げることが求められます。

　ブランディングの最終目的は、企業価値を向上させることです。ここで言う企業価値とは、金額には換算されない、模倣できない、数値で測りにくい企業の価値です。この企業価値が、実は他社との差別化につながり、競争で優位に立ち、長期的に成功する上で欠かせない重要な資産となります。

　ブランディングがもたらす企業価値は、有形、無形に関わらず、顧客の心にイメージとして蓄積されていきます。そして、ブランドが高まるにつれて、安定した収益の確保や継続的な収益向上が期待できるようになります。

ブランディングの効果

・継続的な購入や利用を動機付けできる（ブランドに対する好意・信頼の獲得、スイッチングコストの発生など）

・競合するプロダクトやサービスと差別化できる

・価格のみに依存しない競争力を獲得できる（オンリーワンの存在など）

　ブランディングがもたらす効果は、ほかにもあります。ここでは、企業がブランディングに力を入れるべき理由を3つ紹介しましょう。

1 収益アップ

　もし「知らないブランド A の靴」と「NIKE の靴」の
どちらを購入するかを悩んでいて、価格は A が 5,000 円、
NIKE が 6,000 円だったとしましょう。みなさんはどち
らの靴を選ぶでしょう。「1000 円の差なら、より有名
で品質も信頼できる NIKE にしよう」と思う人が多いの
ではないでしょうか。

　Apple のように秀逸なブランディングによって「独り

勝ち状態」に近い状態を作り上げている企業の場合、ユー
ザーはその企業のプロダクトやサービスを利用したり所
有したりすること自体に価値を見出します。利用したり
所有したりしている自分もまた、そのブランドの恩恵が
受けられると感じるからです。

　そこには競合の付け入る隙はなく、それゆえに価格競
争も起こりにくいのです。

2 支出の削減

　他社のプロダクトを購入したり、サービスを発注した
りするときにも、企業のブランドはしばしば強みとなり
ます。

　たとえば、ある企業がデザイン会社にパンフレットの
デザインを発注するとしましょう。このときもし、その
企業が有名なブランドであれば、通常よりも安い価格や
良い条件で発注できるかもしれません。これは、有名ブ

ランドからの案件受注自体がそのデザイン会社にとって
良い実績になるからです。デザイン会社は、多少悪い条
件でも請負いたいと思うのです。

　このように、ブランドを高めることで、他社のプロダ
クトを購入したり、サービスを発注したりするときに交
渉を優位に進められるようになり、支出削減につながる
可能性もあるのです。

3 優秀な人材の獲得

　ブランドの効果が強く発揮されるのが、人材の獲得
シーンです。

　特に日本では、就職活動において知名度の高い企業や
いわゆる「大企業」に人気が集まります。つまりこれら
の企業は、ブランドが強いのです。求職者が「強いブラ
ンドを持つ企業で働きたい」という心情は、「あのブラ

ンドのバッグを手に入れたい」という女性の心情と似て
います。その企業に属すること自体が充足感をもたらす
のです。

　ブランドの強い企業は、同じコストでより優秀な人材
を獲得できるため、ブランドの維持は非常に有力な採用
ツールなのです。

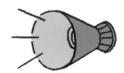

ブランドの構成要素

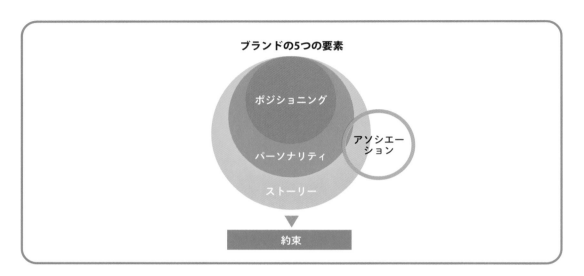

ブランドの5つの要素

ポジショニング

パーソナリティ

アソシエーション

ストーリー

約束

ブランディングとは

「ブランド」という言葉を聞いて真っ先に思いつくのは、ロゴやビジュアルなどの視覚的な要素かもしれません。

一方、「ブランドイメージ」と聞くと、ビジュアルだけでは表現できない「雰囲気」が大きな役割を果たしていると感じる人が多いでしょう。また、ブランドイメージの対象には、プロダクトやサービス、企業だけでなく、人や地域、文化なども含まれます。

このように、さまざまな側面があるブランドですが、共通する5つの構成要素があります。

ここでは、「1. ブランドポジショニング」「2. ブランドパーソナリティ」「3. ブランドアソシエーション」「4. ブランドストーリー」「5. ブランドプロミス」の5つを紹介しましょう。

1 ブランドポジショニング（位置）

ブランディングは、ターゲットを定め、ブランドとしてのポジショニングを決定することから始まります。つまりブランドポジショニングでは、ブランドの存在意義を明確にするのです。

ブランドポジショニングを明確にする上では、「ブランドポジショニング・ステートメント」の活用がお勧めです。ブランドポジショニング・ステートメントには、提供する価値と対象となるターゲット、そして他社との差別化要素を記入します。

2 ブランドパーソナリティ（属性）

優れたブランドには個性があります。個性を作り出すことこそ、ブランドパーソナリティの役割です。技術的

ブランドポジショニング・ステートメント

_____は、_____の_____に対して、
(企業 / 商品 / サービス名)　(ターゲット顧客層)　(潜在ニーズ)

_____を提供することにより、_____を実現する。
(ソリューション概要)　　　　　　　　(顧客メリット)

競合他社と比べ、_____は、_____の点において優れている。
　　　　　　　　(企業 / 商品 / サービス名)　　(差別化要素)

な差別化が難しい現代、個性によって差別化する必要があります。生身の人間のようなニュアンスをブランドの属性に加えることで、人々の心に残るのです。

　ブランドパーソナリティを定義するにあたっては、ブランドパーソナリティ・チャートを作成しましょう。ブランドパーソナリティを文章に落とし込む前に、ブランドパーソナリティ・チャートの項目を記入し、その項目からブランドの性格を設定するのです。

ブランドパーソナリティ・チャート

シンプル	複雑
モノトーン	カラフル
クール	キュート
ポップ	シック
平面	立体的

3 ブランドアソシエーション (連想)

　ブランドアソシエーションの役割は、そのブランドが届けたい雰囲気を伝えた時に顧客が連想するイメージを定義することです。ブランドアソシエーションの構築に

あたっては、イメージを文章などで表現するのではなく、ブランドが理想とするイメージと近い事柄、そのイメージを持ち合わせている事柄と関連付けます。

4 ブランドストーリー (物語)

　ブランディングにおいて、顧客の心に響かせる上で最も有効なのはブランドの裏に隠されたストーリーでしょう。創業者の思いや成長時の大きな失敗談などがこれにあたります。ブランドストーリーは、ブランディング施策において大きな役割を担います。顧客は完成されたブランドよりも、それができるまでのトライアンドエラーや失敗談などに興味があります。ブランドストーリーはブランドと顧客の距離を縮めて、ファンを増やす上で非常に重要な役割を果たすのです。

5 ブランドプロミス (約束)

　顧客にとって最も重要なのが、そのブランドが自分に提供する価値です。顧客に継続的に価値を提供できなければ、意味はありません。逆に言うと、ブランドプロミスを通じて、顧客への目に見えない約束を届けることがブランディングにおいては最も重要なのです。

　ブランドプロミスをきちんと定義していないと、時間が経つにつれて、顧客と企業との間でブランドに関する認識にずれが生じ、不安を与えてしまいます。

ブランディングのプロセス

| ビジョンを
描く

Envisioning | ブランド体験
をデザインする

Brand
Experience
Design | サービスを
デザインする

Service
Design | サービスの
伝達を設計する

Service
Architecture | 成長戦略を
描く

Growth
Strategy |

ブランディングのプロセスとは

デザイン思考と同様に、ブランディングにおいてもプロセスが重視されます。ここで言う「プロセスの重視」とは、プロセスの順序通りに進めることではなく、プロセスを「意識する」ことを意味します。実際のブランディングの業務では、プロセスの順序を前後することもある

からです。ただし、ブランディングを成功させる上では、現在のプロセスが、ブランディングのプロセス全体のどこに当たるのかを意識することは重要です。

ここでは、「1. ビジョンを描く」→「2. ブランド体験をデザインする」→「3. サービスをデザインする」→「4. サービスの伝達を設計する」→「5. 成長戦略を描く」という流れでプロセスを見ていきます。

ブランディングのプロセス

1 ビジョンを 描く	**2** ブランド体験を デザインする	**3** サービスを デザインする	**4** サービスの伝達 を設計する	**5** 成長戦略を 描く
ブランドのビジョンや提供価値を言語化・可視化し、ブランドコアを定義する	ブランドコアを中心に、ブランドが提供するサービス体験をデザインする	ステークホルダーがブランドを体験する接点をデザインし、サービス全体のブランドイメージを統一する	具体的にブランドをドを伝える手段を整え、マーケティング戦略を立案する	マーケティング施策の実行や分析、サービスの拡大を考える

1 ビジョンを描く

「ビジョンを描く」の段階では、ブランディングの基盤を固めます。具体的には、「ブランドのビジョン」「ユーザーインサイト」「ブランド提供価値」を検討することで、ブランドコア（ブランドの核）を定義します。ポイントは、ブランド側が伝えたいことだけではなく、受け手であるユーザーのインサイトまで理解して、ブランドコアに反映させることです。

ブランドのビジョン
ブランドが目指す方向性や世界観、将来像を「ビジョン」として定義する

ユーザーインサイト
ブランドとして価値を届けたいユーザーと、彼らが潜在的に持っているペインやゲインといったインサイトを理解する

ブランド提供価値
実際にブランドが提供する価値を明確にする。これには、プロダクトやサービスの特徴やメリット、競合との差別化のポイントなどが含まれる

2 ブランド体験をデザインする

「ブランド体験をデザインする」の段階では、ブランドコアを中心に、ストーリー、ブランドの個性や魅力などを具現化し、ブランドが提供するサービス体験をデザインします。ブランドコアや魅力を体験として具現化するために、「ブランドアイデンティティの確立」「ブランドストーリーの設計」「ブランドエクスペリエンスデザイン」などを通じて、実際のサービス体験の下地を整えるのです。

ブランドアイデンティティの確立
ブランドが提供したいコンセプト、トーン＆マナーなどを定義する

ブランドストーリーの設計
ブランドコアとなるストーリーを構築する

ブランドエクスペリエンスデザイン
顧客がプロダクトやサービスを利用する際の体験をデザインする

3 サービスをデザインする

　「サービスをデザインする」の段階では、プロダクトやサービスだけでなく、ステークホルダーとの接点となる全体的なサービス体験に焦点を当てます。

　ブランドのコアバリューやビジョンに沿って、ステークホルダーがブランドを体験するあらゆる接点をデザインするために、「ステークホルダーマップの作成」「カスタマージャーニーマップの作成」「マッピングとインタラクションの改善」「プロトタイプ作成」「ブランド価値の実装」を行うことで、サービス全体のブランドイメージの統一を図ります。

ステークホルダーマップの作成	カスタマージャーニーマップの作成	マッピングとインタラクションの改善
ブランドと関わるステークホルダーを洗い出し、それぞれがブランドと接する場面（接点）をマップ化する	顧客がブランドと接するプロセスを分析し、顧客の視点でのカスタマージャーニーマップを作成する。顧客の体験に着目し、問題や改善点を洗い出す	カスタマージャーニーマップから、ステークホルダーマップにつながるステップを特定し、そのステップにおけるインタラクションやフローを改善する

プロトタイプ作成	ブランド価値の実装	
プロトタイプを作成してテストすることで、顧客によるサービスの利用方法や改善点を洗い出す	ブランドのビジョン、ミッション、提供する価値を考慮し、サービスに反映する	

4 サービスの伝達を設計する

　「サービスの伝達を設計する」の段階では、具現化したサービス全体を、ユーザーをはじめとするステークホルダーに届けるために設計します。ブランドのビジョンや戦略を具現化し、具体的なマーケティング施策に落とし込むのです。

　主に「メッセージング戦略」「チャネル戦略」「コンテンツ戦略」を通じて、ブランドが提供するサービス体験を通じたステークホルダーとのコミュニケーションを考えます。ステークホルダーに望ましい姿でブランドを認識してもらい、ロイヤリティを向上させるための方法を考えましょう。

メッセージング戦略

ブランドのビジョンや提供する価値を伝えるためのメッセージ戦略を策定し、コミュニケーションの基盤を整える

チャネル戦略

メッセージを効果的に伝えるためのチャネル戦略を考えて、各チャネルにおけるメッセージングの方法を決定する

コンテンツ戦略

チャネルごとに適切なコンテンツを設計し、ターゲットオーディエンスに向けた情報を提供する

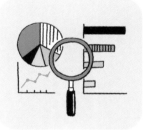

5 成長戦略を描く

　最後の「成長戦略を描く」の段階では、ブランディングの最終目標である「ビジネスの成長」に向けたアクションを起こします。

　具体的には、前プロセスで策定した戦略に基づいてマーケティング施策を実施します。また、その結果を分析し、実際にブランドがステークホルダーにどのように伝わっているかを把握します。その他、施策を検討したり、時には、サービス拡大や新規事業立ち上げの可能性を模索したりするのです。

サービスの拡大

新たな機能の追加や海外展開などを図る

新規事業の立ち上げ

新たな市場や顧客層をターゲットにした新規事業を立ち上げる

マーケティング施策の実行・分析

プロモーション、広告、PRなどの施策を設計・実行し、効果を分析して改善することで、成長につなげる

リーンブランディング

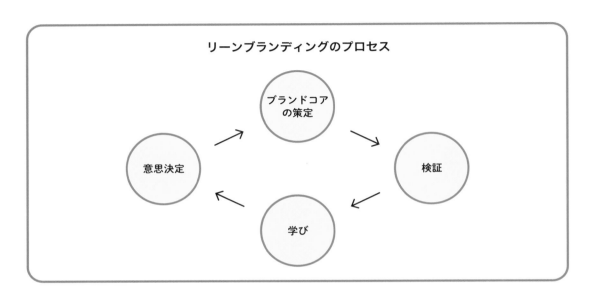

リーンブランディングのプロセス

ブランドコア
の策定

意思決定

検証

学び

リーンブランディングとは

　ブランディングは、「リーンスタートアップ」の考え方をブランド構築に適用した「リーンブランディング」というブランディングのプロセスによっても実現可能です。リーンブランディングは、リーンスタートアップの方法論を多くの起業家やスタートアップ企業で実践したローラ・ブッシェによって、提唱されました。

　リーンスタートアップは、新しいビジネスモデルの開発において、「ムダを省き、失敗のダメージを減らす」ことを可能にするマネジメント手法です。リーンスタートアップでは、「生産性の向上」「課題の顕在化」の2つを重視します。

・生産性の向上：必要最低限のリソースで進める

・課題の顕在化：フィードバックを細かく得る、ボトルネックを明確にする

　リーンスタートアップでは、プロセスの進行が速いため、同じ時間でも、より多くのユーザーの意見が得られ、それが課題の迅速な明確化につながります。
　リーンブランディングでは、リーンスタートアップの考え方を取り入れながら、ブランド構築の速度と柔軟性を向上させるのです。

リーンブランディングのプロセス

　リーンブランディングは、主に「ブランドコアの策定」「検証」「学び」「意思決定」という4つのプロセスで構成されます。

1 ブランドコアの策定

まず「ブランドコアの策定」の段階では、ブランドのビジョンや提供価値を言語化・可視化し、そのコアを決めます。つまり、ブランドの立ち位置や目指す場所の確立を目指す段階です。ブランドとして実現したいことと、将来的に作り上げたい世界観とを掛け合わせて、ブランドのコアとして導出していくのです。

2 検証

次の「検証」の段階では、実際にブランドとしてアクションを起こし、ブランドに対するユーザーの反応を見て、ブランド浸透の方法や伝わり方を検証します。多くの場合、ユーザーインタビューなどを通じて、彼らの生の声を聞くことになります。

このとき、ユーザーや顧客のみならず、ステークホルダー全般のフィードバックを得ることが望ましいでしょう。ブランドは株主、従業員、クライアントなど、そのブランドに関わるさまざまな人との間に築かれるものだからです。ステークホルダーの声を多方面から聴くことがブランドの死角をなくし、信頼を醸成することにつながります。

3 学び

「学び」の段階では、ユーザーから得られたフィードバックを紐解き、ブランドの改善に活かせるポイントを見つけます。最初のステップで立てた仮説やブランド側から見えていたことと、ユーザーやステークホルダーから見えていたことのギャップを学ぶのです。そして「自分たちはこう思っていたが、実は違った」「実はこうしたイメージを持たれていたのか」など、ブランドに対する新たな気づきとしてまとめます。

4 意思決定

最後の「意思決定」の段階では、学びで得た意思決定材料をどのようにブランドに還元するのかを決めていきます。

意思決定のポイントは、学びを鵜呑みにすることなく、ステークホルダーの声を「客観的なブランドの見え方」として認識した上で、ブランドコアと突き合わせることです。その化学反応をブランドのブラッシュアップに活かしていくのです。

ブランディンは不変ではない

ブランディングはブランド側の独りよがりでは成立しません。反対に、ユーザーの声を聞きすぎても、本来ブランドが伝えたいことや実現したい世界観が薄まってしまいます。

ブランドの世界観をステークホルダーに伝えて、彼らの意見を聞き、そのフィードバックに基づいてブランドの方向性を決めていくことが、より良いブランディングにつながります。このように、ブランド側が実現したい世界観とステークホルダーの声とのすり合わせが求められるのです。

ブランドはまた、不変ではなく、柔軟であることが求められます。ユーザーや顧客の心理、ひいては社会自体が移ろいやすい現代、変化に対応できることが、長く愛され続けるブランドにつながるのです。

デザインとブランディング

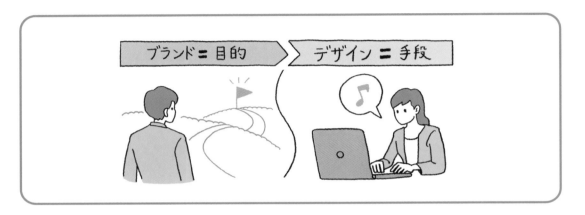

ブランディングとデザインの関係

ブランディングとデザインの関係はシンプルに表現すると「手段と目的」です。ブランドはデザインの対象なのです。

実際、ブランディングに関わるさまざまな活動を実施する上で、デザインの力は活用できます。デザインなしにはブランディングは成立しないほど、両者は密接に関わり合っているのです。

ブランディングでは、ユーザーに与える体験のすべてを正しく演出し、「価値」という約束をステークホルダーと結び、守っていきます。これを実現するのが、前述の「1. ブランドポジショニング」「2. ブランドパーソナリティ」「3. ブランドアソシエーション」「4. ブランドストーリー」「5. ブランドプロミス」というブランドの5つの構成要素です。

そして、ブランドの構成要素を考える上では、デザイン的な発想が求められます。ここでは、ブランディングに求められるデザインを紹介しましょう。

ブランディングに求められるデザイン的発想

「はじめに1　デザインとは何か」で紹介したように、デザインには「1. design：情報やメッセージの伝達を目的としたデザイン」「2. Design：プロダクトやサービスの利用を目的としたデザイン」「3. DESIGN：ビジネス課題の解決を目的としたデザイン」の3種類があります。

これら3つのデザインもまた、ブランディングを実現するための手段です。

すなわち、designではブランドを表現するビジュアル要素をデザインすることでユーザーに情報やメッセージを伝達します。Designではブランドが提供するユーザー体験をデザインすることでプロダクトやサービスの利用を促進します。そして、DESIGNではブランドのコアをデザインすることで、ユーザー企業のビジネス課題の解決を実現するのです。

これら3つのデザインによって、ブランディングが可能になるのです。

ブランディングに求められるデザイン

1 design	**2** Design	**3** DESIGN
・デザインの対象： **ビジュアル要素** ・デザインの目的： **情報やメッセージの伝達**	・デザインの対象： **ユーザー体験** ・デザインの目的： **プロダクトやサービスの利用**	・デザインの対象： **ブランドのコア** ・デザインの目的： **ビジネス課題の解決**

1 design:
ブランドを表現するビジュアル要素をデザインする

情報やメッセージの伝達を目的としたすべて小文字の "design" は、ブランディングにおいて、ロゴやカラースキーム、フォントなど、ブランドを認知・理解する上で重要な役割を果たす視覚要素をデザインするために使われます。こうした要素は、ブランドのアイデンティティになると同時に、顧客やユーザーにとっても印象に残りやすく、ブランドを想起させるポイントになるのです。

2 Design:
ブランドを提供するユーザー体験をデザインする

プロダクトやサービスの利用を目的とした "Design" は、ブランディングにおいて、顧客がブランドのサービスを利用する際に体験するすべての要素をデザインするために使われます。こうした要素は、たとえば、プロダクトやサービス、店舗、ウェブサイト、SNS など、さまざまなタッチポイントを通じて一貫したブランド体験を提供することが求められます。

3 DESIGN:
ブランドのコアをデザインする

ビジネスの課題解決を目的としたすべて大文字の "DESIGN" は、ブランディングにおいて、デザイン思考のマインドセットや経営的な観点でブランドのコアをデザインするために使われます。ブランディングにおいて、ブランドのコアを設計することは、ブランドの方向性を明確にし、戦略的な視点からブランド価値を最大化します。

ブランド価値の測定

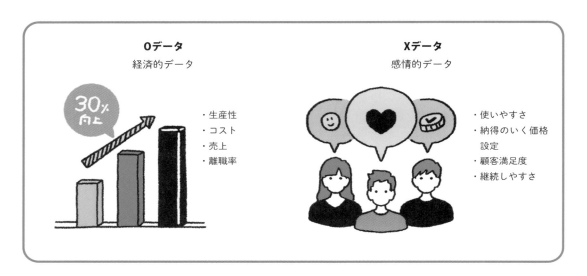

O データ
経済的データ

30% 向上

・生産性
・コスト
・売上
・離職率

X データ
感情的データ

・使いやすさ
・納得のいく価格設定
・顧客満足度
・継続しやすさ

ブランド価値の測定

　本来、ブランディング施策の目的は、ブランド価値を向上させることです。では、ブランディング施策の実施によるブランド価値の向上効果はどのように測定すればよいのでしょう。

　たとえば、マーケティング施策であれば、訪問者数、コンバージョンレート、リード獲得数など、施策の実施効果を具体的な数値で測定できます。一方、目に見えないブランド価値は数値化が難しいため、ブランディング施策の実施効果も「ふんわり」した結果でしか測定できません。

　そのため、ここでは、ブランド価値を測るために「O データ：経済的データ」「X データ：感情的データ」という 2 つのデータを使います。以下に簡単に解説しましょう。

・O データ：経済的データ
・X データ：感情的データ

O データ：経済的データ

　O データの　"O" とは業務（Operations）を意味します。O データは販売データ、財務データ、人事データといった業務に直接関連するデータなのです。

　データドリブンなアプローチでは、ブランド価値の測定結果に基づいて、現在のパフォーマンスを検証したり、将来のパフォーマンスを判断したり、予測したりします。O データは、経営陣が注力したい指標に基づいて取得するとよいでしょう。

　例えば、売上アップを優先したいときは販売データを、人材獲得を優先したいときは人事データを優先的に取得するのです。

こうしたデータは基本的に企業内に蓄積されているため、プラットフォームやツールを活用することで比較的容易に収集できます。ただし、Oデータでは企業活動の背景や原因、当時の状況を詳細に把握するのが難しいことには留意する必要があります。

背景や原因、状況などを把握するには、Xデータが必要になります。

Xデータ：感情的データ

Xデータの "X" とは、体験（Experience）を意味します。Xデータは消費者やユーザーの「感情」に関係するデータなのです。Xデータは、感情的な意思決定やブランドに対する印象などを定性的に理解する上で主に利用されます。

Xデータの取得方法としては、ユーザーインタビュー、フォーカスグループ、アンケートなどの手法が使われます。またリサーチにあたっては、「期待値と結果のギャップ」「要した時間とエネルギー」「ポジティブインパクト」といった項目をしっかり押さえましょう。

単純な一問一答形式よりも、回答を深堀りする第二、第三の質問や、アンケートに自由形式のフィードバックを入れる余地を残しておくことも重要です。

OデータとXデータの掛け合わせ

Oデータとデータは、2つを掛け合わせて活用することで本領を発揮します。「何が」「なぜ」「どのような」結果になったのかを定性と定量の両面から理解することで、より精度の高いブランド価値の測定が可能になるのです。

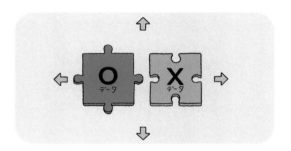

感情的データのリサーチにあたって注意するべき項目

期待値と結果のギャップ	要した時間とエネルギー	ポジティブインパクト
ユーザーのそのブランドに対する期待値と結果のギャップ	ユーザーがそのブランドを選択するのに要した時間とエネルギー	そのブランドがユーザーの人生に与えるポジティブインパクト

UXライティング

UXライティングとは

「UX ライティング」とは、物事の価値を、的確かつストレスなく伝えるためのライティング手法です。

UX ライティングの対象は多くの場合、アプリや Web サイトなどのユーザーインターフェイス内の言葉ですが、本書ではそれに限らず、言葉を通じたユーザー体験設計の総称を UX ライティングと呼びます。つまり、ユーザーとの接点で必要となる文章は、すべて UX ライティングなのです。

UX ライティングには、わかりやすさにつながる機能面と、読んだときの心地よさにつながる情緒面という 2 つの側面があります。ここでは、2 つをさらに細分化して、5 つのポイントを紹介しましょう。

特徴	良い例	悪い例
1 短く、簡潔に、必要なときだけ 行動を起こすために認識しなければならない情報が少ないほど、ユーザーの負担を減らせる。そのため、短く、簡潔な文章の作成を心がけることが文字を通じたユーザビリティの向上につながる		

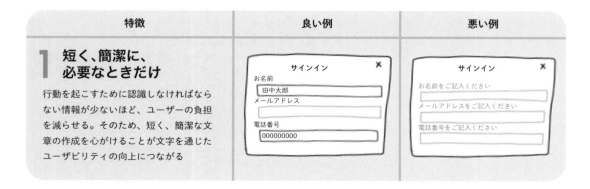

特徴	良い例	悪い例
2 専門用語を避け、ユーザーの言葉を使う ユーザーの語彙と、サービス側が使う語彙のレベルを揃える。専門用語を使わざるを得ないシーンでも、ユーザーにあまり必要のないものであれば多用を避けたり、理解を助ける具体例を用意したりするとよい	このサイトは安全ではありません	お使いのPCはこのウェブサイトのセキュリティ証明書を信頼しません エラーコード：INVALID_XXX
3 ほどほどの丁寧さ 丁寧すぎるとかえって読みにくさややりすぎ感を感じさせたり、ユーザーとサービスの間に距離を生んだりする。あまりかしこまった表現をすると、文章が長くなり、わかりにくく感じる要因にもなりかねない	✓ **ご登録ありがとうございます** ご入力いただいたメールアドレス宛に確認メールをお送りいたします。 IDは本文に書かれていますのでご確認ください。	✓ **ご登録ありがとうございます** ご入力いただいたメールアドレス宛に確認のためのメールをお送りいたします。ユーザーIDはそちらのメールに記載しておりますので、ご確認いただきますようお願いいたします。
4 ポジティブな言葉選び 好感が持てる、使いたくなる、といった感情面への訴求も意識するべき。ユーザーの感情に訴求する上では、ポジティブな言葉の使用が有効。たとえば、エラーやローディング時間など、ユーザーがネガティブな感情を感じがちなときには、単に現状を伝えるのではなく、次のアクションや改善策を提示する	電話番号は10桁で入力してください ユーザー名／パスワードが間違っています **ユーザー名／パスワードのリセットはこちら**	この電話番号は無効です ユーザー名／パスワードが間違っています
5 翻訳しやすい グローバルなサービスでは特に、他言語への翻訳が容易であることが望ましい。極端に言えば、100人が読んだら100人全員が同じ解釈をできるコンテンツの作成が求められている。簡潔かつ文法的にも正しく書かれた文章ほど、理解しやすく、翻訳しやすい	プロジェクトを実施し、無事成功に終わりました。 ↓ The project was implemented, and it was a success.	プロジェクトを実施しましたが、無事成功に終わりました。 ↓ The project was implemented, but it was a success.

エシカルデザイン

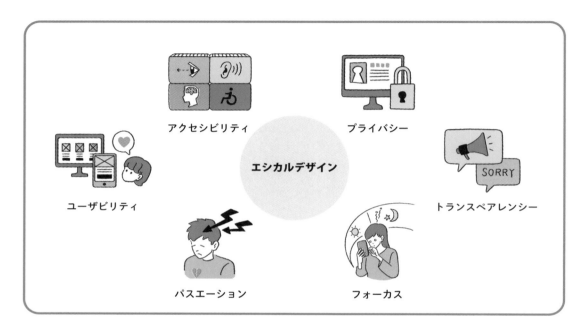

エシカルデザイン

アクセシビリティ

プライバシー

ユーザビリティ

トランスペアレンシー

パスエーション

フォーカス

エシカルデザインとは

「エシカル（ethical）」とは、「倫理的」「道徳上」を意味する形容詞であり、「エシカルデザイン」とは倫理的な観点からプロダクトやサービスと向き合い、デザインを見直そうという姿勢です。

デザインは本来、「人間の暮らしを豊かにするため」に存在します。誰かの権利や幸福を侵害して利益を追求する行為への加担（例：過剰広告や詐欺に近いビジネスの煽動など）は、本来デザイナーの職務行動規範として避けるべきです。ここでは、エシカルデザインを実践のポイントを6つ紹介しましょう。

1 ユーザビリティ：ユーザーに不便さを許容させていないか

ユーザビリティは、デザイナーが基本中の基本として留意すべき項目でしょう。具体的には、プロダクトやサービスは、ユーザーが望むことを達成できるデザイン、ユーザーのニーズを満たすデザイン、そして使いやすく快適なデザインであることが求められます。

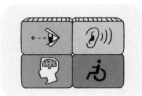

2 アクセシビリティ：
使う人を不適切に制限した作りではないか

　アクセシビリティの担保は、デザインのプロセスにおいても意識しましょう。プロダクトやサービスはつねに「対象となる誰かのため」に設計されなくてはなりません。身体的に不自由な方や色を識別しづらい人など、プロダクトやサービスを使うすべての人が問題なく使えるような作りを心がけましょう。

3 プライバシー：
個人のプライバシーに抵触していないか

　プライバシーの問題は、特にデジタルのプロダクトやサービスのデザインにおいては避けて通れない問題です。プロダクトやサービスを使う上では、必要最低限の情報のみをトラッキング、もしくはユーザーに入力してもらい、それ以外の情報を取得しないことがユーザーの心地よさにつながります。

4 パスエーション：
ネガティブな感情を利用していないか

　ユーザーのコンプレックスや不安を煽ったり、過剰な広告によって購買意欲を刺激したり、ユーザーが必要以上に時間や金銭を割いたりする意図で、プロダクトやサービスをデザインすることは避けなければなりません。たとえば、過度な限定感はユーザーに強いプレッシャーを与えてしまうかもしれません。

5 フォーカス：
「ハマらせる」仕組みが、ユーザーを脅かしていないか

　プロダクトやサービスがユーザーの「時間」を消費することは肝に銘じてデザインする必要があります。デジタルのプロダクトやサービスは「どれだけユーザーの時間を消費させるか」に注力しがちです。しかし、ユーザーの中毒症状を引き起こせば、仕事や学習への集中を妨げてしまいます。

6 トランスペアレンシー：
不誠実な対応や情報を隠蔽していないか

　ユーザーに誠実に向き合う姿勢も求められます。あるサービスでは、システム障害が生じたときにSNSを効果的に利用してユーザーとコミュニケーションを取っています。具体的には、「何時何分からこうしたシステム障害が発生している」ことを報告し、復旧状況を逐一共有しているのです。

アクセシビリティ

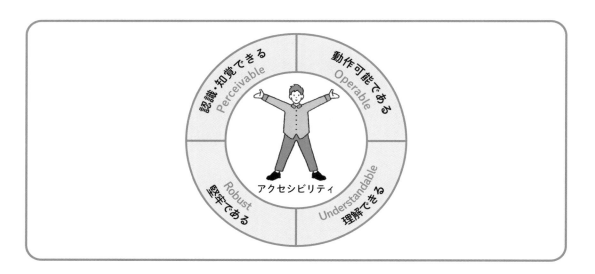

アクセシビリティとアクセシビリティデザイン

　「アクセシビリティ」とは「アクセスできる」や「利用しやすい」を意味する言葉です。アクセシビリティが高いとは、年齢や障害の有無、利用している機器や環境といったユーザーの属性に関わらず、誰でも、いつでも、どのような状況でも利用できる状態であることを指します。

　「アクセシビリティデザイン」はアクセシビリティに配慮してデザインすることやアクセシビリティに配慮したデザインの成果物を指します。

　アクセシビリティデザインは元々、Web サイトやアプリのみやすさや使いやすさなど、主に Web デザインの領域で使われていました。しかし近年は、さまざまな分野のプロダクトやサービスのデザインにおいても使われるようになっています。

アクセシビリティデザインの実現

　では、あるプロダクトやサービスにおいてアクセシビリティが実現されているかはどのように判断すればよいのでしょう。ここでは、W3C（World Wide Web Consortium）が公開している、Web サイトのアクセシビリティガイドラインから考えていきます。

　W3C のアクセシビリティガイドラインでは、アクセシビリティの実現において求められる「配色」「タイポグラフィ」「言葉選び」「情報の順序・構造」「一貫性」「導線」「時間の制御」「操作と動作」について言及しています。

　その上で、アクセシビリティが高い Web サイトの条件として、「認識・知覚できる（Perceivable）」「動作可能である（Operable）」「理解できる（Understandable）」「堅牢である（Robust）」という 4 つの条件をあげています。以下で解説しましょう。

1 認識・知覚できる
Perceivable

情報とユーザーインターフェイスは、ユーザーが認識できてこそ意味があります。情報は整理され、非テキストコンテンツは補完されていなくてはなりません。音声や動画のようなコンテンツは、同様の内容をテキストなどで受け取れるようにしておく必要があるのです。また、ユーザーインターフェイスにはわかりやすい表現を選び、色の選択では適切なコントラストに配慮しましょう。

2 動作可能である
Operable

ユーザーインターフェイスは、ユーザーを混乱させず、ユーザーの操作を妨げずに利用できるようにしなくてはなりません。そのためには、ユーザーが現在どこにいるのかを把握できる状態が望ましいでしょう。また、視覚や聴覚に違和感を覚える表現は避けます。さらに、操作はマウスだけでなく、キーボードでも一通り実行できるようにしておくようにしましょう。

3 理解できる
Understandable

情報やユーザーインターフェイスは理解できるもの、理解しやすいものでなくてはなりません。テキストコンテンツでは、専門用語の使用や難解な表現は避けましょう。ユーザーインターフェイスは直感的に理解でき、情報がわかりやすく伝わることが重要です。また、ユーザーインターフェイスの動きを予測できる作りが望ましく、入力エラーがあれば、その原因をユーザーに伝えます。

4 堅牢である
Robust

Web サイトにおける「堅牢さ」とは、技術仕様に忠実で将来的にも破綻しずらい作りであることを意味します。言い換えれば、Web サイト上にコンテンツが正常に表示され、ユーザーがつねにアクセスできる状態です。そのためには、コンテンツが適切にマークアップされ、プログラムが読み取れ、セキュリティに配慮されている状況を実現しなくてはなりません。

ユニバーサルデザイン

ユニバーサルデザインとは

　「ユニバーサルデザイン」とは、1980年代にアメリカのロナルド・メイス博士が中心となって提唱した「年齢や能力、状況などに関わらず、できるだけ多くの人が使いやすいように、製品や建物・環境をデザインする」ための考え方です。

　ユニバーサルデザインの考え方をより浸透させるためにまとめられたものに、「ユニバーサルデザイン7原則*」があります。ユニバーサルデザイン7原則は、「原則：簡潔で、かつ、覚えやすく表現された基本的な考え方」「定義：原則に沿ったデザインをするための簡潔な方向付け」「ガイドライン：原則に忠実であるために必要とされる基本要件」の3つで構成されます。ただし、ガイドラ

* 注：ユニバーサルデザイン7原則 Version 2.0-4/ 1/97
THE CENTER FOR UNIVERSAL DESIGN North Carolina State University 参照

インについては、すべてのデザインに当てはまるとは限りません。

　ユニバーサルデザインを実践するにあたっては、以下のユニバーサルデザイン7原則とそれに付随するガイドラインを満たしているかを意識しましょう。

原則 1 誰にとっても公平

　原則1の定義は、「誰にでも利用できて、容易に入手できる」ことです。ガイドラインは以下の通りです。

1. 誰もが同じ方法で使える。別の方法を取る場合も、同様に公平である
2. 差別されている感覚や屈辱感を感じない
3. プライバシーの確保、安心感、安全性を感じる
4. 使い手にとって魅力あるデザインが提供されている

原則 2 自由度が高い

原則 2 の定義は、「使う人のさまざまな好みや能力に合うように作られている」ことです。ガイドラインは以下の通りです。

1. 使い方を選べる
2. 右利き、左利きのどちらでも使える
3. 正確に操作しやすい
4. 使いやすいペースに合わせられる

原則 3 簡単ですぐわかる

原則 3 の定義は、「使う人の経験や知識、言語能力、集中力に関係なく、使い方がわかりやすい」ことです。ガイドラインは以下の通りです。

1. 直感的にすぐ使える
2. 不必要に複雑でない
3. 誰にでもわかる用語や言い回しが使われている
4. 重要度の高い順に情報がまとめられている
5. 操作のためのガイダンスや確認が効果的に提供されている

原則 4 情報をすぐに理解できる

原則 4 の定義は、「使う人の視覚や聴覚などの感覚能力、使用状況に関係なく、必要な情報が効果的に伝わる」ことです。ガイドラインは以下の通りです。

1. 重要な情報を伝えるために、文字だけでなく、絵や手触りなどの異なる方法が併用されている
2. 重要な情報が（たとえば大きな文字で書くなど）強調されていて読みやすい
3. 情報が区別されていて説明しやすい（行動で指示しやすい）
4. 視覚、聴覚などに障がいを持つ人が利用するやり方や道具でも、情報が伝わる

原則 5 無意識のミスや意図しない行動がリスクにつながらない

原則 5 の定義は、「無意識のミスや意図しない行動が、リスクや思わぬ結果につながらない」ことです。ガイドラインは以下の通りです。

1. 無意識のミスや意図しない行動をできる限り回避できるように配慮されている。頻繁に使うものは最もアクセスしやすく、リスクは低く、回避され、カバーされる
2. ミスやリスクを見つけると警告が出される
3. 間違っても安全なように配慮されている（フェイルセーフ）
4. 注意が必要な操作や誤った操作を取らないように配慮されている

原則 6 無理せず、少ない力で楽に使用できる

原則 6 の定義は、「気持ちよく、効率よく、疲れずに使える」ことです。ガイドラインは以下の通りです。

1. 自然な姿勢で使える
2. 大きな力を入れることなく使える
3. 同じ動作の繰り返しが少ない
4. 身体に無理な負担が連続してかからない

原則 7 アクセスしやすいスペースと大きさを確保する

原則 7 の定義は、「体格や姿勢、移動能力の制限がなく、アクセスできて操作しやすいスペースや大きさである」ことです。ガイドラインは以下の通りです。

1. 立っていても座っていても、重要なものは見える
2. 立っていても座っていても、あらゆるものに楽に手が届く
3. 異なる大きさの身体に対応している
4. 補助具や介助者のためのスペースが十分確保されている

インクルーシブデザイン

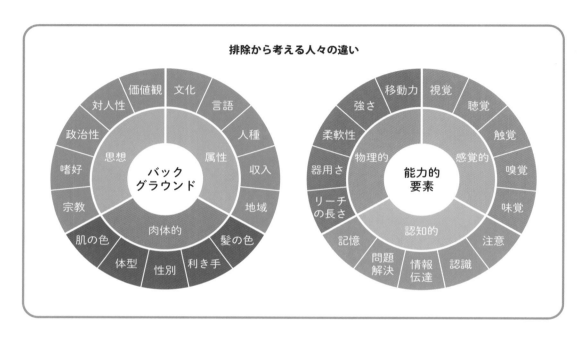

排除から考える人々の違い

インクルーシブデザインとは

「インクルーシブデザイン」の「インクルーシブ」とは「包摂」の意味であり、その反義語は「エクスクルージョン＝排除・排他」です。高齢者や外国人、身体に障害を持つ人は、デザインのプロセスから無意識に排除されてしまいがちです。こうしたデザインが無意識に犯す障害を、インクルーシブデザインの世界的権威であるジュリア・カセムは「1. 身体的排除」「2. 感覚的排除」「3. 知覚的排除」「4. デジタル化による排除」「5. 感情的排除」「6. 経済的排除」の6つに分類しています。

身体的排除は、物理的な障壁や制約によって特定の人々が環境やサービスにアクセスできない状況を指しま

す。たとえば、車椅子ユーザーのためのバリアフリーなアクセスがない建物や交通機関、道路などです。

感覚的排除は、視覚、聴覚、触覚などの感覚的なニーズが考慮されない場合に生じます。たとえば、視覚障害者向けの情報が提供されない Web サイトなどです。

知覚的排除は、情報やコンテンツが理解しにくい言語や形式で提供される場合に生じます。特定の言葉遣いや専門用語の使用、複難な表現などは、特定の人々に理解しにくさを感じさせる可能性があります。

デジタル化による排除は、デジタルテクノロジーの導入によって、プロダクトやサービスへのアクセスが困難になることを指します。たとえば、高齢者や経済的に困難な人々が新しいテクノロジーに追いつけない場合が該

当します。

感情的排除は、人々が差別や偏見を感じる状況によって生じます。これは、文化的な背景や身元に基づく差別、言葉の使用による排除などが該当します。

経済的排除は、経済的な要因によって特定の人々が

サービスや機会にアクセスできない状況を指します。貧困や経済的な不平等によって、必要なリソースやサービスを受けることが難しい場合がこれに該当します。

インクルーシブデザインの実現方法を以下に解説しましょう。

1 プロダクトやサービスのユーザーと共に発想し、デザインする

できるだけ初期の段階から、プロダクトやサービスのユーザーとデザインのプロセスを共有してデザインを進めましょう。ユーザーと共に発想し、デザインすることで、考慮すべき点が明らかになります。現場を観察したり、ユーザーと交流したりしながら課題や願望を発見し、アイディアを具現化するのです。

2 制約を設けず、自由に発想する

はじめから制約条件を設けず、自由にアイディアを発散し、そこから「現実的にはどのように解決するか」という視点でアイディアを収束させるとよいでしょう。まったく制約条件のない状態を想定して発想することで、短絡的な解決策に走ることなく、本質的な課題の発見と解決に目を向けやすくなります。

3 手を動かし、試行錯誤を重ねる

デザインのプロセスでは、アイディアを頭で考えるよりも、実際に手を動かして具現化するとよいでしょう。アイディアを具現化することで早い段階からチーム内でデザインのイメージを共有できます。また、イメージに対してチームで意見を出し合うことで、デザインを継続的に改良できるというメリットも生じます。

ユニバーサルデザインとの違い

ユニバーサルデザインもインクルーシブデザインも、「デザインはあらゆる人々を包含するべきであり、排除するものであってはならない」という目標は同じです。

ただし、ユニバーサルデザインがデザイナー主導で「身体に障害を持つ人や高齢の人など、より多くの方が使える／使いやすいデザイン」を目指すのに対して、インクルーシブデザインは、これまでのデザインが除外してきたユーザーをデザインのプロセスに巻き込み、デザイ

ナーとユーザーが協力してプロダクトやサービスを作り上げることを目指します。

またインクルーシブデザインは、対話からユーザーの抱える本質的な願望を理解することで、彼ら・彼女らが「是非使いたい」と思えるプロダクトやサービスのデザインを目指します。ユーザー自身も気付いていない潜在的な課題・願望を見つけ、アイディア発想・テストを繰り返しながらデザインするという意味において、インクルーシブデザインはデザイン思考に非常に近い概念なのです。

ユニバーサルデザインのプロダクト事例

年齢、性別、文化の違い、障害の有無によらず、多くの人が利用できるように設計するユニバーサルデザインは、さまざまなプロダクトやサービスにおいて実現され

ています。ここでは、日本で発売されている UD グリップ包丁とプニョプニョピンという 2 つのプロダクトを紹介しましょう。

1 UD グリップ包丁（ウカイ利器）

「UD グリップ包丁」とは、使う人の状況に合わせてハンドルの角度を変更できるグリップを備えた包丁です。

UD グリップ包丁はグリップを調整することで、右利きでも、左利きでも使えるだけでなく、座った状態で使う人でも、手関節の可動域が狭い人でも、使えるように作られています。

なお UD グリップ包丁は、てこの原理を使って刃に力を伝える設計になっているため、少ない力で食材を切ることができます。

UD グリップ包丁

2 プニョプニョピン（コクヨ）

「プニョプニョピン」とは、樹脂で作られたやわらかいカバーを備えた画びょうです。カバーがあることで、手が針に直接触れることなく、すべての人が安心して使えるように作られています。

カバーごと押し込めば、通常の画びょうと同じように刺さり、画びょうをカバーと一緒につまんで引けば、道具がなくても簡単に壁から引き抜くことができます。

カバーが針を覆った設計のため、うっかり指に刺してしまったり、落とした時に針が上を向くことがなく、踏んでも刺さる心配がないのです。

プニョプニョピン

これら 2 つのプロダクトは、さまざまな環境に置かれた人、小さな子どもや手に力の入りにくい人にも配慮した、誰にでも使いやすいようにデザインされていると言えるでしょう。

インクルーシブデザインのプロダクト事例

かつて、絆創膏には、形やサイズ、柄などのバリエーションはありましたが、色のバリエーションはありませんでした。色は1種類の肌色に限定されていたのです。

そこに登場したのが、ジョンソン・エンド・ジョンソン社の絆創膏です。それはどのように市場に受けいられたのでしょうか。

1 圧倒的な支持を受けたバンドエイド

ジョンソン・エンド・ジョンソンは、さまざまな肌の色でも違和感なく肌に貼れるように、異なる肌色に合った複数色の絆創膏の「バンドエイド」を開発し、発売しました。このプロダクトが発売されたことで、ユーザーは、複数の色の中から自分の肌色にピッタリなものを選べるようになったのです。

このバンドエイドを使用したアフリカ系の男性は、「生まれて初めて自分の肌色とバンドエイドが馴染んでいる感覚です。パッと見では、絆創膏がついているとはわかりません。涙をこらえるのに精一杯です」と、自分の肌色に馴染む絆創膏について感極まったコメント

をTwitter（現X）に投稿しました＊。このツイートは48.3万件の「いいね」を獲得するなど大きな反響を呼んだのです。

インクルーシブデザインでは、「より多くの人が使うことができる」こと以上に、ユーザーの「このプロダクトやサービスだからこそ使いたい」という想いや、心地よさ、感動体験を生むことが重要です。インクルーシブデザインは、ある意味、「人の気持ちに寄り添うデザインアプローチ」と言えるでしょう。

＊バンドエイドについてのツイート：
https://twitter.com/ApollonTweets/status/
11192764630016951808?s=20

おわりに

企業の競争優位の鍵を握るデザイン

　20世紀まで、ビジネスにおけるデザインの影響は限定的で、菓子のパッケージ、家電の外観、アパレルのカッティングなどがデザインの対象でした。このことは、SONY の前会長、大賀典雄氏の言葉からも読み取ることができます。

　「SONY では、同業他社の製品とすべて基本的に同じ技術を使っていて、価格、性能、そして特徴に差はないと考えている。市場において製品を差別化できるものは、デザインをおいて他にない」

　つまり、消費者向けのプロダクトやサービスの"見た目"を魅力的にするのがデザインの役割であると認識されていたのです。
　しかし、21世紀に入り、プロダクトやサービスの差別化が難しくなってくると、見た目のデザインだけでは不十分になってきました。ユーザーが実際にプロダクトやサービスを利用したときに感じるユーザー体験が差別化の鍵になってきたのです。

　物質的に豊かになった現代、外観や機能を訴えるだけでは、差別化するのは困難です。感覚的な美しさや機能面の充実に加えて、ユニークさや意味、優れた利用体験がなければ、消費者の心を動かすことが難しくなりつつあります。そのため、ブランディング、マーケティング、カスタマーエクスペリエンスの向上などさまざまな側面で、デザイン的な考え方が使われるようになってきました。

　つまり現在、デザイン的な考え方は、ビジネスの目的達成、ひいては企業の収益や市場競争力に大きな影響を及ぼすようになっているのです。逆に言えば、デザインを武器にすれば、強力な差別化要素を生み出すことが可能です。機能面での差別化が難しい現在、最後に残された差別化要因が「デザイン」と「ブランド」になりつつあるのかもしれません。

　実際、アメリカを中心に海外では、B2Cだけでなく BtoB の業界においても、デザインの重要性を認識するようになっています。そして多くのアメリカの企業が、デザイン思考を社内のプロセスに採用したり、デザインの専門部署を設立したり、デザイン会社を買収したりしているのです。

経営にもデザインの考え方を

　これからは、マネージャーや経営者をはじめとするビジネスマンなどにとっても

デザイン的な考え方が重要なスキルになっていくでしょう。物事の捉え方や解釈、そして意思決定などにデザイン的な考え方を取り入れることが、大きな結果の差につながるからです。

　ここで、その理由を考えてみましょう。

　昨今、変化のスピードがどんどん加速しており、ロジックだけでは予測できない事象が増えています。このような状況で重要になるのが、言葉や数字だけでは説明しきれない、「どこか良いと思わせる何か」に気づくスキルです。

　こうしたスキルは、これまでは"センス"や"直感"などの言葉で認識されていましたが、これは、"デザイン的な考え方"からもたらされると考えています。そして、これが今後のビジネスにおいて必須のスキルになっているのです。

　これまで企業のエクゼクティブと言えば、CEO（Chief Executive Officer）、CTO（Chief Technology Officer）、CFO（Chief Financial Officer）など、ビジネス系やテクノロジー系の高度なスキルを身に付けている人でした。今後は彼らに加えて、デザイン的な考え方を高度に身に付けたCDO（Chief Design Officer）のポジションが用意されていることが、企業の成長の重要なファクターとなるでしょう。

　日本では、欧米と比べると、デザインやデザイナーの重要性がまだまだ認識されていないように感じます。プロダクトやサービスの開発や経営の現場においても、数字で説明できるファクト、ファクトから導かれるロジックだけが重視されがちで、デザイン的な考え方やユーザー視点が重視されていないのです。

　日本企業はたしかに、プロダクトの機能の作り込みに優れています。しかし現在は、それだけでは成功できなくなっています。成功するのは、ユーザーの心に響くプロダクトやサービスなのです。

企業の価値は「何を作れるか」よりも「心を掴めるか」

　現在、企業の提供価値の焦点が「プロダクトやサービスを作れるか」から「ユーザーの心を掴めるか」へと移っています。かつて BMW のデザイナーだったクリス・バングル氏は、現役時代に以下のように語っています。

「我々は「自動車」を作っているのではない。ドライバーの品質への愛着を表現するための動く芸術品を作っているのだ」

　この言葉は、デザイン、アート、エンターテインメントといったユーザーを魅了する要素があらゆる産業で不可欠になっていることを示唆しています。重要なのは、ユーザーの心に響くプロダクトやサービスを作り出すことです。
　作り出す対象がたまたま、"自動車"であった場合、その企業が「自動車メーカー」と呼ばれるだけなのです。ビジネスのカテゴリは二次的要素であり、自動車であろうと、化粧品であろうと、フードサービスであろうと、ユーザーを魅了する要素と、そ

の根底に流れるフィロソフィーこそが、企業のブランドであり、差別化要因になっているのです。

誰しも「デザイナー」としてのマインドセットを

　デザインの概念は人類の文明が始まったときから存在していたと言われます。そして現代も、スマートフォンの画面からコンビニの店舗レイアウトに至るまで、デザインは日常の至るところに存在し、人がより豊かな生活を送る上での手助けをしてくれています。

　このように身近なデザインですが、デザインの考え方や役割はまだまだわかりにくく、とっつきにくい印象、学ぶのが難しい印象を受けている人も少なくありません。実際、私もこれまで多くの方々から「どのようにデザインの考え方を学んだらよいのでしょうか？」という質問を受けてきました。

　また、テクノロジーが加速度的に進むなかで、学校でデザインを学ぶだけでは十分でなくなっています。基本的なデザインの知識はたしかに重要ですが、それに加えて、新しいメディアやデバイスなどに対応できるように、つねに新しいデザインの考え方や手法を学び続けることが必要なのです。

　そして、これがこの本を執筆したきっかけの1つです。本書の対象は、デザイナーの方はもちろん、デザイナーとともにプロジェクトに参加するビジネスマンやエンジ

ニアなどです。本書では、企業やブランド、プロダクトやサービスがユーザーに愛され、市場で存在感を発揮する上で必要になるデザインの考え方を様々な角度から紹介してきました。

　プロダクトやサービスをデザインする上では、ユーザーをしっかりと見つめ、理解し、共感した上で、彼らの課題を解決し得るアイディアを発想し、練り上げることが必要になります。また、その過程では、プロダクトやサービスがユーザーに受け入れられないこともあれば、方向転換しなくてはならないこともあることでしょう。本書では、そうしたときに必要になる考え方も紹介しています。

　そもそも、デザイン思考をはじめとするデザインの考え方では、失敗をポジティブに捉える傾向があります。失敗によって今後の成功を阻む可能性を1つ減らすことができた、と考えるのです。これもまた、本書を通じて読者の方に伝えたいことです。失敗を恐れず、様々な道を模索しながら一つひとつ積み上げていくことが成功につながるからです。

　そしてもし、つまずいたり、手が止まったりしたときに、本書が新たな歩みのきっかけとなってくれれば、望外の幸せです。ここまで読んでいただきありがとうございました。

■企画・編集　　　イノウ（http://www.iknow.ne.jp/）
■カバーデザイン　西垂水 敦（krran）
■本文デザイン　　二ノ宮 匡（nixinc）
■DTP・図版作成　西嶋 正

発想から実践まで

デザインの思考法図鑑

2023 年 12 月 13 日　初版第 1 刷発行

監修者	ブランドン・片山・ヒル
著　者	btrax
発行人	片柳 秀夫
発行所	ソシム株式会社
	https://www.socym.co.jp/
	〒 101-0064　東京都千代田区神田猿楽町 1-5-15　猿楽町 SS ビル
	TEL　03-5217-2400（代表）
	FAX　03-5217-2420
印刷・製本	中央精版印刷株式会社

定価はカバーに表示してあります。
落丁・乱丁は弊社編集部までお送りください。送料弊社負担にてお取り替えいたします。
ISBN978-4-8026-1432-0
©2023 btrax
Printed in JAPAN